大夏书系·素言观系

优秀教师的职场修炼手记

TEACHING IS LIKE A BOX OF CHOCOLATES,
YOU NEVER KNOW WHAT YOU'RE GONNA GET

阿 甘◎著

华东师范大学出版社
EAST CHINA NORMAL UNIVERSITY PRESS

本书经台湾家西文化事业有限公司代理，由天下杂志授权出版。

上海市版权局著作权合同登记　图字：09 - 2009 - 230 号

目录 CONTENTS

CONTENTS

前言

美国中学
荒唐的一天

清晨5点50分，闹钟无情地把我吵醒，我失望地发现，原来刚才的快乐时光都是梦境。为了面对新一天的挑战，我极不情愿地从温暖的被窝里爬出来，拖着沉重的步伐到厨房去煮咖啡。

气象预报说今天最高气温不到华氏40度（4℃~5℃），目前室外气温只在冰点左右。为了能在7点半之前赶到学校，就就着咖啡将贝果（一种传统的犹太面包圈——编者注）塞下肚，然后匆匆换好衣服，披上围巾，戴上帽子，顶着刺骨的寒风出发了。

我这么早起床，可不是要去上学，而是去上班。我的职业是老师，我在美国东部一所中学教英文。

7点30分，我已在教室里的计算机前收电子邮件，唯一重要的信息是提醒放学后的教职员月会。7点45分，老师们在教室门口排队站好，迎接学生的到来。在台湾，学生会向老师敬礼问好，而在美国，老师得站在教室外向学生道早安。

5分钟后，第一节课的钟声响起，学生起立、宣誓，接着收看学生播报的晨间新闻，我则在黑板上写下短篇作文的题目。短篇作文是我每天的英文课的热身练习，意在帮助学生进教室后静下心来准备学习。学生在看完5到10分钟的新闻后，花10分钟完成短篇作文。

和往常一样，15个学生里，只有5个在认真练习，其他学生仍在跟邻桌"话家常"。他们闲聊的音量实在大到恼人，我不得不讲话了。

"瑗　赶快开始做练习啊!"

"我没有笔……"

"来上学不带笔?"

"我不知道笔在哪儿……不见了……"

天哪! 老是有人空手来上课, 不如在家睡觉算了。

"艾瑞卡, 讲够了吗? 赶快动笔做练习!"

"哎哟, 人家在想要怎么写嘛! ……"正要让艾瑞卡讲再多理由, 肯尼插嘴了: "她是笨蛋, 她不会写, 哈哈……"

"嘿　人家写不写不关你的事, 倒是你自己一个字都没写, 你再拖我要扣分了。"

"你为啊! 你以为我在乎啊! ……哼!"

两年前刚开始教中学时, 如果发生这样的对话, 我早就七窍生烟了。现在不是我的脾气变好了, 而是习惯成自然, 懒得和他们理论了。

等了 20 多分钟, 大部分学生终于草草交差了事, 我也总算可以开始教课。为了提升学生的兴趣, 我特地找了一篇鬼故事《闹鬼的楼梯》作为今天的教材, 学生果然念得津津有味, 要是学习课三, 他们早就睡成一团, 还会不停抱怨这堂课有多无聊。

念着念着，爱莉竟然晃到电视机前面，把电视屏幕当做镜子，端详起自己的脸蛋来。"嘿！你不听我讲课也就罢了，竟把教室当成你家卧室，快回去坐好！"老爱穿低胸紧身衣来上课的爱莉，一扭一扭地走回座位，极不情愿地坐下。既然没大镜子可照，爱莉索性从皮包里掏出小镜子，开始画眼线和眼影，然后涂口红、擦指甲油。

其他学生也没闲着，我每隔5分钟就得叫胡立欧和詹姆士转过头来，让他们停止和后排的同学嬉戏。90分钟的英文课终于结束，这堂课的学生虽聒噪了点，比起某些会跟老师大喊大叫，甚至口出恶言的学生，他们其实很可爱，也大都愿意在课业上下点工夫。

接下来的90分钟是备课时间，我独自坐在教室里，敲打着计算机键盘，设计明天上课用的讲义和练习题，将它们打印出来，再到楼下影印室印妥，准备明天发给学生。离下一节课还有半个多小时，正准备小睡一会儿，教室的扩音器里传来学校行政助理玛丽小姐尖锐的呼喊："阿甘老师，阿甘老师，你在教室里吗？"害得我差点从椅子上跌下来。"我是阿甘，什么事呀？"我强打起精神，希望她别听出来我在睡觉。

"你第一节课忘记点名了，请立刻完成！"

"喔！真抱歉，我马上就点。"都怪那些小鬼，吵吵闹闹地害得我分心，忘记8点半前得点完名。

11点钟声一响，我便准备赶往达斯小姐的数学课。短短4分钟内，全校1000多名学生得到达下一节课的教室就位，走廊上学生往来穿梭，有些学生却和朋友聊天嬉戏，一点也不担心会迟到。

　　走廊转角有两个黑人男生推来推去，看不出他们是在玩耍还是要打架。我把两人拉开，叫他们赶快去上课，他们瞪了我一眼，像是要我别管闲事，我摇摇头，继续向达斯小姐的教室前进。

　　和达斯小姐合上的是一堂8年级数学课，班上共有25个学生。我踏进教室时大部分学生已在做热身题。今天的热身题包括10道分数加减法的题目。约15分钟后，我点了10个学生上台写出过程与答案，并逐一讲解他们写错的题目。接着再花10分钟讲解他们可能不懂的家庭作业，然后达斯小姐接手开始介绍新的章节。

　　这个班的学生大多很乖巧，唯一的坏毛病是话多、没礼貌，不管我是否在讲课，只要提问，有些学生就立刻大叫"不会写"，等我解答时，他们却又忙着跟同学聊天，然后抱怨我没讲。我每天提醒他们上课要专心，提问或发表意见前必须举手，但他们依然我行我素。

　　我以前的老师同学要是知道我在美国教数学一定会吐血，我的数学曾经很烂，得缴大笔重修费才能勉强毕业，如今竟摇身一变成数学老师在国外骗钱。别担心啦！我的烂数学应付美国标准绰绰有余呢！

　　昨晚和朋友出去吃饭，所以没煮今天的午饭，午餐时间只好到学校餐厅报到。比萨、薯条、鸡块，只夹了一块肉的汉堡，淡而无味的青豆和花椰菜……要吃什么才好呢？很难想象重视儿童福利的美国，竟每天喂学生吃这些玩意儿，不过学生可乐得很，10 个美国小孩里有 8 个会告诉你他们最喜欢的食物是比萨和薯条，怪不得胖子满街跑。

短短 30 分钟的午餐时间很快就结束了，我点的鸡肉汉堡干硬得叫人怀疑那是摆了超过一星期的展示品，想吞吞不下去，想吐又吐不出来，但实在饿得发昏，骨瘦如柴的我若不吃午餐可能会昏倒在教室里，于是我只好硬着头皮把汉堡解决掉。

最后一堂课是 8 年级理化，原本教这堂课的理化老师因为老婆的部队移防到得克萨斯州而跟着搬家，所以这 1 个月以来我都跟代课老师合作教课。

近 70 岁的代课老师布奇先生连路都走不稳，根本没有学生把他当回事，更别指望他管教学生了。至于我，年纪轻好欺负，也没人在乎。我每天祷告念经拜菩萨，希望学校赶快找到一个孔武有力的新理化老师来终结这个班的无政府状态。

上课钟敲完 3 分钟后，四五个学生才大大咧咧地走进教室。"为什么又迟到？"我没好气地问这群学生。体积大我两倍的学生艾希莉马上高分贝地吼："What are you talking about?"然后大摇大摆地走向她的座位。才坐下来，艾希莉就和前后左右邻桌聊成一片，完全无视老师的存在。布奇先生努力地解说今天实验的步骤，艾希莉则和她前排的布兰登有说有笑，甚至打闹起来。

　　我走到布兰登旁边："请转过身来专心上课，你已经打扰到其他学生了。"

　　"我——哪——有？我在听课啊！你看我还抄笔记呢！"话才说完，布兰登又转过身大声地和艾希莉聊天。我只好叫布兰登站在教室后面罚站，他却跟在我后面不停地问："你为什么老是找我碴，我又没做什么，我又没犯错，你干吗要我罚站？"我知道要是回答这个蠢问题，他一定跟我没完没了，便开始装聋作哑，他竟大叫："你这个老师是怎么当的？学生有问题也不回答，我要跟我妈告状"。

　　艾希莉在一旁帮腔："是啊！那家伙都不回答我们的问题，还老爱找我们的麻烦，你看，坐我们这一区的都是黑人，他一定不喜欢黑人，我也要跟我妈说他故意跟我们过不去。"我最恨学生来这一套，实在很想问他们为什么不看看那些表现突出的黑人学生，反到老拿"种族"当借口，不过为避免更多口水，我坚持三不政策：不听、不理、不响应。

　　布兰登干脆在教室里散步，跟同学们问好，顺便发口香糖；艾希莉则不停地传纸条给她后面的汤玛斯，试图引起我的注意。我过去拿起纸条，上面什么都没有。我中计了，艾希莉和她的邻桌们歇斯底里地狂笑起来。

　　"我到底要说几次，前面老师在讲课，你难道不能尊重一下吗？"

　　"可是这很好笑啊！我为什么不能笑？"说着说着又咯咯笑

个不停。我只能自认倒霉——教到这种不知羞耻的学生。

布奇先生终于解释完实验的内容和步骤，接下来4人一组开始动手实验。

今天的实验主题是让学生测试不同液体的酸碱度，并将酸碱液体中和，记录过程和现象。为了确保安全，我首先要求学生戴上护目镜，哪知有一半的女生抱怨护目镜不干净而不愿意戴，另一些则害怕护目镜弄乱她们美丽的头发，也不愿意遵守规则。我好说歹说就是没人听，还有人抢白："我干吗要听你的？"

实验过程果然一团糟，有些人因为不专心听讲又懒得读步骤而搞不清楚状况，化学原料乱加一通，其他人则是聊得不亦乐乎。

艾希莉和布兰登互相指控对方偷拿东西。艾希莉从背后一把抱住娇小的布兰登，布兰登奋力挣脱后，两人来回追逐。2：40，放学钟响起，学生争先恐后地冲出教室，在实验台上留下凌乱的器具和书本等待老师收拾。

我回教室休息了10分钟，又赶往图书室出席教职员月会，校方请来两名警官向老师们讲解如何防范学生加入帮派。两年前我刚开始在这儿教书时，听说十三四岁的学生加入帮派还不太敢相信，现在我已不再大惊小怪，只求无趣的演讲赶快结束。到家时已将近4点半，和小鬼头们缠斗一天后身心俱疲，看到温暖的床铺我立刻扑了上去。

在台湾土生土长的我会在美国教书，纯粹是因为一连串机缘和巧合。当初只因受不了"一切为联考"的生活而跑去五专学商业，结果没当成奸商，反倒喜欢上语文，半路出家变成了英文老师。然而，在台湾当学生和老师的经验让我对台湾的英语教学环境失望不已，因而有了出国学习英语教学的念头。

大学毕业后我终于圆了梦想，到美国念研究生，积累了扎实的学习经验并享受着美式生活，但却也从此开始了万劫不复的教学生涯……

台湾近年喊教改喊得凶，大家恨不得把美国那套自由活泼的学习风气移植到台湾来，好让学生快乐地学习，培养独立自主的思考能力和创造力，最好还能没事来两句"What's up? You know?"以彰显国际化的程度！

美国经验真的那么美好吗？若真是那么好，为什么美国学生的阅读和数理能力一塌糊涂？为什么美国有些学校没有老师肯教？让阿甘老师带您去美国的中学游览一番，一窥究竟。

优等生
变技职生

我和英文的缘分要从"国中"说起。从小父母就常常叮咛 3 个孩子要好好念书，希望我和姐姐、弟弟能考上好高中、进大学，找份好差事，不过他们从未强迫我们上课外辅导班，他们深信只要按部就班，好好跟上学校进度，不参加补习，一样能出人头地。因此上"国中"前，我只短暂地上过一个暑期美术班，其他兴趣班和课外辅导班根本赚不到我们的钱。

父母开通加上我不爱受拘束，进"国中"的那一天，我连 26 个英文字母都不会。还记得我的第一个英文老师是刚从师大毕业的年轻女孩，温柔而有耐心的她从字母教起，大写加小写不过 52 个新符号，对我而言实在小意思。

接下来是 KK 音标，这些奇形怪状的符号可叫我头大了。我还没弄清楚它们发什么音，老师已经把这些符号摆在一起，要我们按照这些符号的组合练习单词发音。

我每天跟着全班读单词，却不懂音标和这些单词的关系。每次单词测验，我们得将单词和音标都写出来，我只好把各音标的

"形状"背下来，然后在答案纸上画下这些图形。有点美术天分的我就常常这样蒙混过去。

死背的功夫也有踢到铁板的时候。每次教完新单词，温柔婉约的英文老师更在黑板上写下这些单词的音标，然后点人根据音标念出单词。我总是吓出一身冷汗，头都不敢抬一下，只求老师不要点到我，赶快结束这一点也不"温柔"的酷刑。

当时的月考和大多数英文测验卷也对我不利，通常第一大题列出4个单词，学生必须能够辨认出哪个单词的其中一个音节和其余单词的同音节发不同音，死背音标此时毫无用武之地，我只好胡乱猜答案。通常5题我只能猜对1题，若猜中两题就要偷笑了。

幸好"国中"一年级的文法和句型不算太复杂，大小考试我都能拿个七八十分，其他科目也能维持中上的成绩，因此"国中"二年级进了"升学班"。但是对音标的恐惧却始终没有消除，只能认命地接受无法开口的事实，心想连基础都没打好，英文可能要烂一辈子。

进了升学班后我的英文老师依旧是同一位。学年开始时，她将"国中"一年级的重要内容又重教一遍，包括 KK 音标，这次我决定好好把握机会，后来我终于把音标学会了，我对学习英文的信心也提升了不少。

然而，我却在其他科目上遭遇了严重的挫折。我的导师是学校里的数学名师，上起课来幽默风趣，有条有理，颇受学生和家长的爱戴，但是我对抽象的图形证明和三角函数提不起一点兴趣。

上课时听不懂又不敢提问，结果我的平时测验成绩每况愈下，烂到几乎每次都是最后一名。更惨的是当时为了激励大家用功学习，数学和理化老师宣布，只要平时测验不到80分，每差5分"赏"一棍。我理化和数学一样都很差，平时测验常常不及格，几乎天天挨打，如此一来，不但没有被激励，反而痛恨数理化，最后干脆放弃。

善于背诵让我在其他科目上的表现颇为突出，虽然史地也是大小测验不断，我却对世界各地的风土人情着迷不已，因此史地成绩一直名列前茅。至于英文，我的成绩不算突出，倒也能保持中等的水平，最重要的是，我不怕开口读单词了。

我的文科成绩再好也无法掩盖数理化特烂的事实，到了"国中"三年级，每次成绩单发下来，我的名次总是从后面找起来比较快。此时要迎头赶上似乎不太可能，我只好过一天算一天，手心早已被打得麻木了。

联考之日终于来临，是面对现实的时候了！成绩单寄到学校后，我像个做错事的小孩去学校接受惩罚。打开成绩单，果然不出我所料，语文和社会科都接近满分，英文也有90分，数学和自然两科只拿到了一半的分数。当下觉得羞愧不已，对不起父母，对不起教数学的导师。

母亲失望之余并没有放弃希望，她劝我到附近升学率不错的私立高中接受"改造",拼个三年,考上"国立"大学不是不可能。然而我早已厌倦为了联考暗无天日的生活,那种天天在学校待上12个小时,没有寒暑假,同学间为了测验一两分勾心斗角的日子有如炼狱。我很清楚,再折磨我三年,只会使我更受挫,更不快乐。

我告诉母亲我决定念五专,理由很简单,念五专既轻松又可学到一技之长,毕业后更可立即投入就业市场,赚钱养家。母亲虽然不赞同我的想法但还是默默接受了,只是要我想清楚,以后别为这个决定后悔。

我选择了离家不远的"中国工商专校"国际贸易专业,为什么选国际贸易专业呢?当时既天真又无知,我只觉得"国际"加上"贸易"像是赚大钱的保证,反正只要不跟数学或理化扯上任何关系就没问题啦!

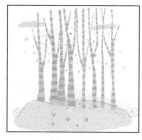

哈喽英文，
拜拜数学

唉，15 岁果然是少不更事的年纪，"国际贸易"其实跟数学大有关系！一年级学会计，二年级学会计、统计和个体经济，三年级学总体经济和微积分，看来数学跟我没完没了了。尽管这些专业科目并没有用到太艰涩的数学理论，对数学的恐惧却让我上起课来提不起一点劲，听不懂也懒得问老师或同学，这样的逃避态度使"国中"时的噩梦重现。

专二开始，我先挂掉了统计，又挂掉数学和经济，到了专三，再挂掉微积分。到了暑假只能看别人玩乐，自己则在大热天挥汗上重修课，去肯德基打工辛苦挣来的血汗钱都用来缴重修费了。一切好像又回到了"国中"时期，我对营销和管理方面的学科再有兴趣也掩盖不了数学烂的事实。

这两年却是我人生中第一个转折点。专一时有天闲来没事和姐姐一起听西洋歌曲，让我大为惊艳，西洋歌曲的多样性让我大开眼界。摇滚、舞曲、另类、蓝调、乡村等各类型曲风加上英文地区数不尽的音乐奇才，开始丰富了我的生活，我当下决定不再听我从小就熟悉的"国语"流行歌曲。

为了更了解国外的音乐市场和歌手，我开始接触英文资料。一开始感到有些受挫，因为我对句型和文法的知识仍然很有限，即使勤查字典也帮助不大，但是不知不觉中累积了大量的词汇。同时我习惯收听以播放西洋音乐为主的电台节目和 ICRT（台北国际社区广播电台的简称——编者注），起初完全不了解 DJ 在讲什么，那些美国人讲起英文又快又不清楚，腔调也跟学校里的英文老师有极大的不同，我只有跟着音乐"摇摆"。

奇妙的事情发生了！数月之后，我渐渐地能听懂 DJ 的谈话内容，许多他们常常重复的语句，例如"接下来是点歌时间，听众可拨……"和"这星期排行榜前 20 名歌曲分别是……"不再是火星话。随着时间一点点过去，半年，一年，两年，听懂 ICRT 已不是问题。唯一的困难是对整点新闻仍得下工夫。我开始试着在暑假时每天早上观看华视播出的美国广播公司（ABC）的晚间新闻。

想一下子看懂美国电视新闻基本上是不自量力，想一步登天，我认识到要学好英文不可能一蹴而就，不过收听 ICRT 以及收看英语节目，带给我另一个意想不到的收获：天天听美国人说英文让我的耳朵更敏锐了，我开始注意他们的发音方式和腔调。如果我发现美国人在某些单词的发音和学校教的不同，便在收音机前张开嘴巴学习他们的发音。

闲来无事时，我会翻开英文课本朗诵一段课文，目的是矫正自己的发音和腔调，模仿美国人的说话方式，避免说出像机器人腔调的中式英文。

在英文方面下的功夫对学校功课很有帮助。为了训练将来从事国际贸易的人才，学校要求所有国贸专业的学生从专三到专五，每学期必修英语会话及英语听讲，这类注重口语能力的课对大部分技职生来说像是挥之不去的梦魇。教这类科目的老师也不忍心对大家太残忍，所以通常课程内容难度不高，我反倒如鱼得水。

由于认识的单词比大部分同学多，就不怕说错单词，被老师点到便不再害怕，有问题和意见时也敢于表达。于是大小考试几乎难不倒我，通常不用花时间准备就能拿高分，从专三到专五，各类英文课学期成绩从未低于85分。

渐渐地同学有英文问题会来找我，专三下学期时我还被推选参加全校英文能力竞赛，意外地拿下第二名。隔年系里举行话剧比赛时，还被委以编剧及第一男主角的重任，虽然我很猪头地把其中一句台词"Merry Christmas"讲成"Happy Birthday"，最后还是不负众望拿下第二名。

当初和我一同在"国中"奋斗的同学，大都考上一般高中，有些甚至考取前三志愿，后来进了台大、中兴、辅大、中山等知名大学，而我在念了五专之后才了解到社会对技职生的歧视和漠视。

我们这些选择技职体系的小孩爹不疼、娘不爱，好像被打入了18层地狱，永世不得翻身。如此缺乏自信再加上学业成绩平平，我对未来没有理想也毫无目标，老天爷大概看我可怜，在这时为我开了一扇窗，让对英文的兴趣和老师、同学的肯定，帮助我恢复了一丝信心。

走上英语教学的“不归路”

专三时，通过同学，我认识了一名政大的学生，这女孩子虽非英文专业的，却讲着一口漂亮流利的英文，课余时间，她在美语补习班教儿童美语，如此的能力和经验让我又佩服又羡慕。想想自己在肯德基的工作，又脏又累，每次下班后一身恶心的油腻，同事又不少是小混混，店经理更是讨厌极了。

专四寒假的一天，母亲去菜市场回来告诉我，附近一家连锁美语补习班门口贴了招聘启事，问我要不要去试试看，我只是笑了笑，觉得母亲太看得起我了。我的英文只是在学校还不错，怎么能跟“国立”大学的学生相提并论，更不敢巴望能在补习班教英文。母亲却是很乐观，鼓励我至少去试试看，有个面试经验也好。

想了几天，我终于鼓起勇气踏进这家美语补习班的大门，填写完个人资料后，立刻被带进一间教室进行文法测验。大约30道选择题的文法测验不是太难，虽然我的文法普普通通，拿个及格分数还不成问题。

接下来和主任一对一面谈，面谈内容不外乎我的背景、教学动机和经验等等，我的坏毛病是一紧张说话速度就加快，快到像机关枪，班主任不得不叫我慢慢来。幸好这个缺点没有影响我的表现，第一次英文面试顺利结束，班主任当下决定让我试教。三天后的试教让班主任很满意，便跟我签了合约，而我也正式踏上英语教学的"不归路"。

这家连锁美语补习班共分 12 级，第 1 级教的是字母和简单词汇，循序渐进，到了第 12 级，课程难度已经至少达到高一的程度。在我为这家美语补习班服务的一年半时间里，每一级我都至少教过一次。我的学生年龄从 9 岁~15 岁不等，通常级数愈高，学生年龄也愈大。虽然课程设计主要针对小学生和"国中"生，班主任为了捞钱也不定期地开设成人班，成人班的教材由老师自由选择，有时候我把学校英文会话课的课本拿来当教材。在这里，时薪比在肯德基多了近 7 倍，我有点飘飘然的感觉。

不过这看似光鲜的工作背后有不少鲜为人知的挑战和趣事。首先，小朋友超难对付，这些小鬼头来学英文可不是因为他们自己想培养外语能力以增加国际观和竞争力，更不是因为他们觉得英文很好玩（虽然曾有一两个学生对未来的确很有抱负）。他们会在课余时间里每星期花 4 个小时学英文，当然是由于父母亲的逼迫。

这些天真的父母以为花钱送小孩进补习班，小孩就会努力用功，以后满嘴洋腔洋调，学业一帆风顺。只要进过补习班的人，不管是否已为人父母，都清楚这是天方夜谭。

所以呢，要提升这些小鬼的兴趣和注意力得使出超人般的能力，不时说个笑话或玩玩游戏是必备的基本功。若学生仍是呵欠连连、眼神呆滞，就不得不怀疑他们是不是打电动游戏打过头了，最糟的是有些好动的孩子不肯坐在椅子上好好听课，不是跟左右邻桌闲话家常，就是高歌一曲，要不然就在教室里晃来晃去。

可笑的是我曾有个学生老是在地上滚来滚去，弄得课都上不下去。我只好求助行政人员把这个学生拖出去。这样的戏一再上演，我一度以为自己是在马戏团工作。

跟小孩比起来，大人更难缠。老师得定期打电话到小朋友家里做口语测验，顺便和家长沟通孩子的学习情况。有些家长不肯接受小孩又懒又笨的事实，也有些家长嫌东嫌西，老是问：为什么一更换外籍老师？这时候我们当然不能让家长发现许多外籍老师好吃懒做、稳定性低。可是要说服家长"外来的和尚不一定会念经"谈何容易？

此外，为了维护本补习班的形象，班主任一再叮咛我要和家长说我是"国立"大学外文系的学生，千万不能让交钱的"大爷"们知道自己的宝贝正被五专生"带坏"。

每当3个月一期的课程快结束时，老师们的压力就来了，一方面得和家长甜言蜜语，让他们以为自己的孩子是英文天才，乖乖交钱让孩子念下一期，另一方面又得帮助学生通过期末考试，确保他们有足够的能力衔接更高一级的课程。

并不是每个孩子都喜欢上英文课，因此他们的吸收速度和成绩差异不小，遇到一些没兴趣又不用功的学生，我实在没辙，不知要如何跟家长和班主任交代。

我其实挺同情这些学生，一来因为父母的逼迫，他们没有学或不学的自由，再者，虽然小朋友们用的课本里面满是插画和卡通人物，课程的主轴却永远是文法，各级期末考试总要求学生背出单词，写出完整的句子，甚至中译英，跟一般"国中"英文课实在没有太大差异。身为老师，我即使很喜欢和学生说笑话、玩游戏，碰到冷冰冰的文法还是很难变出花样，许多对我有用的教法或学习方式，对小朋友来说却如同天方夜谭。

同时，我在专科上的英文课也有不少让人哭笑不得的状况。我专四的英文老师是位喜欢浓妆艳抹的中年妇人，叫人不寒而栗的不是她的花脸，而是她的魔鬼教学法。

到底有多恐怖？上她的课最好把皮绷紧，因为每个人都得全神贯注，否则走着瞧。讲解课文时，她会逐字逐句翻译成中文，每个人必须照着她的译法把翻译写下来，一字都不能漏，偏偏她中文又不怎么高明，翻译出来的句子不但不通顺，有时简直是胡说八道。

她的发音也好不到哪里去，读起英文来怪腔怪调，发音完全不准。不管你喜不喜欢她的教法，还是得听，要是一个没注意而答不出她的问题，你马上会被骂得狗血淋头，男生被骂"草包"、"白痴"，女生则是"绣花枕头"或"笨蛋"。

她的出题方式更是一绝，每次测验都有几段课文填充，意思是要你把整篇课文背下来，然后再将这几段课文全部翻译成中文。虽然她的翻译能力低下，我们却得一字不漏地全部默写出来，即使学生自己能翻译出更流畅的句子，也无人胆敢造次。

记得有一次一个男同学考试不及格，被她叫到讲台前，当着全班的面狠狠羞辱，她先拿书本来敲这个同学的头，再用言语刺激他，我看得目瞪口呆，心里则为他叫屈。

这位同学曾休学去当兵，不久前才退伍复学，英文程度当然跟大部分同学有段差距，如今被老师这样打击，不仅对学业毫无助益，还可能因而对英文深恶痛绝，从此不再碰英文，影响到以后的升学和就业，断送一生的幸福。

回首当年，我对这门课所教的内容已毫无印象，唯一记得的是老师把"much more pleasure"翻译成"多么更多的乐趣"，还要我们牢牢记住。她那教训学生的手段和景象，在脑海中挥之不去，她五颜六色的头发和血盆大口也深深地留在我的记忆里。

虽然这是个极端的例子，但在台湾教育体制中，实力不够又缺乏教学技巧的英文老师比比皆是，在这些老师的荼毒之下，许多学生失去了学好英文的机会。这门英文课让我再一次认识到适当的教材和教法才是语言学习成功的关键。

当时系里的英语会话老师都是留美的英语教学硕士，他们不见得完美，我还不时可以找出其中一两位的发音错误，但是他们在教学技巧上的确比其他英文老师高明些。这是我头一次听说有这样的学位，也第一次动了留学的念头。

我也成
大学生了

五专生涯说长不长，说短不短，不知不觉毕业在即。那时二技没有几所，大多数有意愿继续升学的五专及二专生都报考插大。想想自己的统计、经济和微积分都挂过，而这些都是插大商科必考科目，加上插大录取率大多不超过5%，我很有自知之明地乖乖去当兵。

虽然运气没有差到抽中外岛签，却进了某个臭名昭著的通信连。当个通信连的新兵不容易，接电线、打地桩、爬电线杆样样都要学，而这些颇费体能的训练常弄得新兵皮破血流，更不幸的是我这个人笨手笨脚，没有一样功夫学得好，常常被班长骂。

当时心情很不好，一来因为那时仍有老兵欺负新兵的现象，我常被搞得晚上睡不着觉，再者我完全没有一点点自己的时间读英文，日子过得超苦闷。

还好我平日坏事做得不多，老天爷眷顾，连里把我挑去做文书，受了一个多月跟文书毫无关联的"无线电装备"士官训练后，我竟摇身一变成了班长，开始掌管连里的人事业务。

挥别一天到晚被操纵的日子，却开始面对一种截然不同的压力。办业务得直接和军官打交道，这些好吃懒做的"大爷""小姐"只要心情不好就会无缘无故臭骂我们这些小班长，不然就是把工作丢给下属去做，反正我们官阶小，吭都不敢吭一声。每次放假回家，就忍不住和家人、朋友抱怨这些匪夷所思的故事，男性朋友大都感同身受，女生都觉得我快变成神经病了。

即使仍然忙得没时间读英文，但我竟弄到一个教英文的机会。当时军团的大官某天突发奇想，要求各营区开办终身学习课程，让军官学点有用的技能，反正官大学问大，各营区的领导马上照办。

我们营区开办了英语会话班和计算机班供军官进修，但师资难找，他们随便找了个有硕士学位的小兵当英语班老师，结果老师的英文不比学生好多少，只能站在讲台上边发抖边念课文。一个同样在办业务的班长知道我曾在补习班教过，便介绍我去试教。试教了20分钟，负责的军官就让我取代原来的老师，这位老师大概很感谢被我解救吧。

很快地，许多军官听说有个五专毕业的在教英文，纷纷跑来听课，甚至连营区参谋长也召见我，要我提供一些学英文的建议。不过真正有意愿学英文的人少之又少，大部分军官只是来凑个热闹。能持之以恒的都是比较闲的女性军官。

我也乐得轻松。反正到后来我们都在聊天，我不但每星期有两天晚上不用回连旦参加点名，还能在繁重的业务压力中偷个闲。

可惜好景不长，没过几个月，我们通信连下基地，我得跟着部队到台南，没办法继续教英文了，而这时风头也已过去，军团已没有长官在盯终身学习课程的学习情况了，所以这门课的存在与否也就无关紧要。我下基地后，英文班也悄悄解散了。

离退伍还有半年时，一位五专同学邀我参加二技联招，我第一次听说二技联招有"外语组"。看了看简章，有英语系的二技根本没几所，且都在南部，北部唯一的一所北科大是在第一志愿。

即使二技联招只考"英文阅读"和"英文写作"两门专业科目，不像插大要考西洋文学概论，我仍然犹豫不决，不知自己能否和其他在补习的人竞争。对我一直很有信心的老妈要我去试试，我想也对，反正没损失，还可以跟部队请一天公假，Why not?

考题不似想象中那么困难，我的"国文"、"英文"和"阅读"都发挥得不错，只有"写作"这一科，由于我从未上过写作课而不知如何下手，但是考完后我信心倍增，算算即使录取率不超过两成，上榜应该还是有希望的。结果我的分数上了私立第一志愿"文藻外语学院"，不过因为南台科技大学提供奖学金，加上设备不赖，所以我最后决定舍"文藻"就"南台"。

能够继续念书当大学生，实在要感谢老妈和同学的鼓励，唯一的遗憾是参加联招考试时仍是军人身份，分数不能像已退伍的考生那样加8%。这样很不公平，因为仍在当兵的我无法跟其他人一样复习，却没有资格获得加分。若是获得加分，我就能上"国立"大学，省下不少学费。

我倒是很看得开，至少马上就有学上，还能借机饱览南台湾风光，吃遍台南美食，老天爷已经对我很厚爱了。两个月后，我跟连长请了几天假，在"9·21"大地震前几个小时提早离营回到台北的家，准备南下去学校报到。

身为最后一批必须当满两年兵的倒霉鬼，我心中自然愤愤不平，然而这两年里的酸甜苦辣，让我在几年后的今天仍记忆犹新，这些经验不管是好是坏，都改变了我对许多人、事、物的看法，也影响了我对人生的规划。

疯狂英文教室

Lesson 1

college

咦？这个字大家"国中"就学过了吧！不过很多人对它的用法不是很清楚呢！

很多人以为 college 指的只是学院，university 才是大学，其实在美式英语里面，college 就泛指所有大学了，不管是文理学院、理工学院、科技大学还是私立大学或公立大学，统统叫做 college。

举几个例子：

1. Where do you go to college? 你上哪所大学？

2. He is a college student. 他是个大学生。
（即使念的是台大、政大或是成大，都不需要说 He is a university student.）

3. He lives in a college town. 他住在一个大学城里。
（college town 指的是居民以大学学生和教职员为主的小城市，例如阿甘念的南伊利诺大学 Southern Illinois University 就在一个 3 万多人的college town 里面，美国有很多这样的城市）

出国
念书去

我不断提醒自己，这个念书的大好机会得来不易，可得好好把握，别再像念五专那样荒废学业。于是从开学那天开始，便战战兢兢地上每堂课，每天一回家就先把作业写完，上课不时主动提问，老师提问时积极回答，努力做个好学生。

毕竟大部分台湾学生还是比较被动的，我觉得自己像个异类，所以没过多久，我就感到很无趣，决定乖乖地当个安静的学生。尽管南台的风评和条件都不错，仍难以跟"国立"大学的资源相比。举例来说，英文写作课将近 60 位同学一起上，连会话课都有近 30 名学生，而课程的多元化及挑战性也不足，感觉分数很好拿却学不到太多东西。失望之余，我不禁自问，除了看古迹、逛夜市，该如何利用时间计划人生的下一步。

这时出国的念头又再次燃起，但是出国的费用却不是我能负担的。即使从专科时期我就省吃俭用，把教英文的收入和当兵的薪饷存起来，希望有朝一日能用这笔钱念书，然而国外的学费及生活费开销惊人，我的储蓄只是杯水车薪。

　　有些人能靠家人资助，无忧无虑地在国外念书，我则没那么幸运。不过一向支持我的母亲决定成全我，拿出她的老本实现我的梦想，这下我可得好好努力，绝不能让她失望。

　　出国的第一步便是把"托福"考好，才能申请到好学校。于是我到书店买了几本"托福"参考书，并和在补习"托福"的朋友借模拟考试题，在家勤做练习。我很清楚光是增强考试技巧对提升实力帮助有限，因此我刻意增加英文报纸杂志的阅读时间和数量；为了加强听力，保持每天听 ICRT、看外国影集和HBO（美国家庭影院频道——编者注）的习惯；此外，我把握每个和外国朋友练习口语的机会，然而我觉得听力的进步幅度有限，写作方面更是缺乏练习的机会。

　　该来的还是要来，大三那年暑假，我报了"托福"考试，在一个炎热的周六下午披挂上阵，结果人还没进考场先被一阵雷雨淋成"落汤鸡"，还好湿嗒嗒的衣服没影响到我的脑袋，表现一切正常，看来考前的准备多少有些帮助。幸运的是，听力部分有几道题和前一学期西洋文学课的内容有点关联，让我拣了点便宜，可能因此多拿了几分吧！

　　收到成绩时欣喜不已，我的"托福"分数要申请九成以上的研究所应该是没问题的，可以开始办理申请手续了。

　　由于我从专科时期就有留学美国的打算，因此养成了搜集留学信息的习惯，也参观了几次留学展，并在担任专科刊物编辑时撰写了一篇留学报道。这些经验让我成了半个留学通，于是我决定自己动手，省下一笔可观的代理费。

申请学校的首要工作就是锁定目标，选择适合自己的学校和环境。在经费有限的情况下，我只申请学费便宜的州立大学，位于大城市的学校一概不考虑。

英语教学研究所有些在教育学院，有些隶属文学院，各学校着重的领域也略有不同，例如成人教育、中小学教育或科技运用，所以在排名方面，我着重看的是学校的整体排名、声誉以及教学资源。综合以上条件，我选择了 4 所排名中上的研究型大学，外加一所位于英国的巴斯大学。

以前专科成绩乱七八糟，惨不忍睹，幸好大学时我痛改前非，成绩保持得不错，拿过几次第一名，加上"托福"成绩比较好，师长大力帮忙写推荐信，离毕业尚有两个月时，我已收到申请过的所有学校的入学通知。

这时得仔细比较这些学校，作出最后的决定。申请英国的学校是因为我一直对英式英语和文化有兴趣，而刚好巴斯大学的代表在台湾面试申请人，我便临时决定试试看，可是我对英国的制度和环境不够熟悉，国际学生在英国被欺负的事又时有耳闻，就暂不考虑去英国了。

四所美国的学校各有优点，一时间还真难以决定。当时一位南台的老师大力推荐其母校南伊利诺大学，于是我做了点调查，发现这所学校在台湾的知名校友还不少，包括 TVBS 主播、"中视"副总经理、政大和成大教授、政大社科院院长、"中央大学"哲研所所长、师大传播研究所所长等人。最重要的是该校英语教学研究所的课程丰富多样，师资阵容强大，于是最后我选择了南伊利诺大学。

　　亲自申请的经验使我不但更了解国外的教育体制和资源，也更清楚自己想要的是什么。每当朋友询问我留学事宜，我总建议他们从自己的习惯、学科程度、兴趣、适应度等方面着手，逐渐缩小范围，锁定几所适合自己的学校，不要把工作全丢给朋友或代办中心，否则到时去了不喜欢的学校甚至念到"野鸡"大学，怪谁都没用。

　　我在网络上的留学版最常看到的怪问题就是："我想去美国念书，要去哪一所呢？""去哪个州留学比较好呀？""想念 MBA，哪些学校有 MBA？"这种问题叫人哭笑不得，也让那些想要提供协助的人无从帮起，就算是想申请台湾的学校，这类问题范围都太大，何况是幅员广阔的美国，其品质不错的大学院校高达数百所。

　　因此，若计划去美国念研究生，不妨先想想自己的研究方向和兴趣，是否能忍受严寒冬季，偏好大城市还是乡村，想多认识各国学生还是其他华人。接下来对美国的地理、气候、学校分类等方面的知识做些了解，然后选定适合自己的城市或区域，最后再以排名作参考依据，仔细比较各学校的专长和课程，决定要申请的学校。

　　对于许多忙着上班而没时间找资料，或对出国念书毫无头绪的人，找代理无可厚非，不过最好还是花时间做些功课，才不会被代理当成冤大头。毕竟要出国的是自己，找对学校才能有充实而有趣的留学生涯。

第二辑

"菜鸟"
教书趣

初到
美国

出国前几个月，忙着办护照、办签证、学做菜，同时继续在补习班挣钱，为留学作最后的准备。终于在 2001 年 8 月，我带着既紧张又兴奋的心情来到机场，从此开始了一段新的人生。

前往机场的路上，母亲不放心地说："你这一去可能一年后才能回来，没有我的叮咛，你要好好用功，但也不要给自己太大压力，要是实在不行就回来，别硬撑。"顿时，我的脸上比小丸子脸上的 3 条线还多，至少有 5 条吧！一向对我信心满满的母亲怎么这时候给我泄气？其实回头想想，从没出过远门的我，第一次坐飞机就到遥远的美国，一个人面对不确定的未来，还真需要足够的勇气和傻劲。

我就读的南伊利诺大学离全美第三大城市芝加哥有 6 小时车程，最近的国际机场在邻州密苏里的圣路易市。从圣路易机场坐两个半小时的车，总算到了这个叫做"卡本戴尔"的乡下小镇，车门一开，赫然发现自己在荒郊野外，差点以为被绑架，我就是穷才来这里念书，可没钱付赎金啊！

卡本戴尔只有 3 万居民，除了南伊大 16 层楼高的宿舍，没有任何高楼大厦，路边的房子大多丑且没有特色，整个镇上只有两家戏院、几家乡巴佬超爱的连锁餐厅和一个不起眼的购物中心，里面连个 American Eagle 或 Abercrombie & Fitch（两者皆为美国知名服饰品牌）都没有，真是落后荒凉……台南小北夜市都比这儿热闹 200 倍呀！

我从小在水泥丛林中长大，没住过这种穷乡僻壤，刚开始还真不习惯，不过这种缺乏诱惑的环境倒真像是个念书的好地方，校园旁的国家森林则是舒解身心的好去处。

还好校园内没那么无聊，两万多名学生的背景和文化相当多元，除了来自全美 50 个州的学生，丰富的系所选择和低物价吸引了来自 100 多个国家，超过 1000 名国际学生。拜本校"派对天堂"的盛名所赐，还有许多学生大老远从芝加哥跑来上大学，只为了远离父母，大开派对，夜夜笙歌。

身为伊利诺伊州州立大学系统中第二大的研究型大学，南伊大有 27 个博士班，63 个硕士班和超过 200 个大学部。其设施和资源也非常完备，不仅图书馆的馆藏丰富，学生活动中心和奥运标准的体育设施也不含糊。此外，学校还有自己的农场、实验林、湖泊和人造沙滩，让学生能兼顾学业及休闲生活。听来好像我在为学校打广告，不过对我这没福气在台湾上"国立"大学的人，能有机会享受此种等级的教育品质确是万幸。

　　办完注册手续后和一些同样来自台湾的新生认识，其中有4位将是我英语教学硕士班的同学，他们分别毕业自台大、高师大、"国北师"和淡江，有机会和这些高材生同班又让我暗自高兴了一下。

　　开学前唯一的一件大事是参加语言系的英文文法和写作测验。依据规定所有系上的新研究生都得参加考试，未过者得加修一门大学部的写作课。在不知如何准备的情况下，我硬着头皮把试题答完，没想到糊里糊涂地通过了，反倒是两个"国立"大学毕业的同学没过，惊讶之余，我也对即将开始的研究生课业多了一点信心。

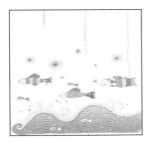

紧张刺激的
研究生
生活

所谓英语教学（TESOL：Teaching English to Speakers of Other Languages），顾名思义是学习如何有方法、有效率地教导母语非英语的学生。大部分的英语教学理论以"语言学"（Linguistics）及"语言习得"（Language Acquisition）为基础，因此第一学期所有研究生都被要求上3门入门课："语言学"、"语音学"以及"英语教学理论与方法"。

第一次在美国上课，第一次对着一群外国同学和教授作自我介绍，第一次和各国同学讨论上课内容，第一次因文学院太大而迷路找不到教室……好多的第一次都在学期正式开始后发生，紧张的心情不言而喻。好在教授大多很和善，即使课程内容对初到美国的我来说难度颇高，教授们也总是耐心地解答疑惑。

唯一的例外是系主任兼语言学课的老师吉伯特教授。哈佛出身的吉伯特教授以严厉出名。别看他年事已高，讲起话来轻声细语，他的作业可是难上加难，打起成绩毫不手软，我最害怕的是写他的心得报告。

　　语言学之下又分了几个学科，例如"语音学"，"心理语言学"，"历史语言学"，"神经语言学"，"语意学"等等。吉伯特教授邀请系里的教授依据专长轮流到课堂上来分享他们在特定学科上的研究与见解。按他的规定，只要有系上的教授来演讲，我们就得在24小时内交出一篇心得报告。

　　24小时？简直是惨无人道，惨绝人寰。报告中必须先将演讲的大意整理出来，再和课本内容比较，最后分享心得。这份作业的困难之处在于语言学的专有名词多，往往做了课前预习还不一定能懂，系上的教授来演讲时也不知我们懂多少就开始天马行空地讲。

　　最惨的是有些教授有口音，讲"句构学"的是个来自印度的教授，她浓浓的印度腔让听课变成"鸭子听雷"，我从头到尾听懂的内容不到20%。幸好班上同学都很团结，每次下课后总有一半的人留下来讨论，分享笔记，让我这还搞不清楚状况的外国学生受益不少。

　　但是有时候同学也帮不上忙。当上到"历史语言学"时，来讲课的教授虽然没有特殊口音，我却完全云里雾里，参与了同学的课后讨论也毫无帮助。回家后课本翻了又翻仍然不懂，限于时间不多，又没人可问，只好胡乱瞎掰拼凑，赶在24小时内E-mail出去。

　　在恐惧中等了一个星期，我的手颤抖着接过改好的报告。我拿了C，晴天霹雳，叫人欲哭无泪，研究所的课可得拿B（80分）

以上才能通过!

这下该如何是好?当务之急是把接下来的作业和报告搞定,确保低分不再出现,于是我开始勤学期刊论文,试着学习专家的写作风格。另一方面,我尽可能地在交出每一份作业前找美国同学看一遍,将文法错误都改正过来。

整个学期里最关键的作业便是"期末读书报告"。我傻傻地选了一本讲"美国方言历史"的书,书里的时空背景和文化差异把我搞得头昏脑胀还不得要领,一度不知如何着手来写期末报告。

靠着努力寻找资料,我终于在图书馆里挖出几篇60年代的论文,这些资料帮助我完成了一篇"A+"的报告,我长达30分钟的口头报告也得到吉伯特教授的赞赏,还夸我写得好极了。我搔搔头,心里暗想:"一个多月前你不是还嫌我写得不好,怎么一下又改变了主意,难道是老年痴呆症发作?"

总之能过最重要啦!第一学期结束,包括"语言学"在内,我3门课的学期成绩竟都拿了A!我不禁松了口气,对家里也有了交代。

其实第一个学期的学习经验和过程带给我莫大的鼓舞。我发现身为技职体系的毕业生,我足以和各国研究生一较高下,而"国立"大学毕业生则不像传说中那般神奇,他们的分析、研究和口语能力不见得有多强,有些技职生具备的能力他们反而欠缺,像我在大四学的基本学术论文格式,对某些明星大学的毕业生而言竟然是陌生的。

这一学期的紧张忙碌，让我真正了解到身为研究生的意义和正确的学习态度。基本上可以说，要把研究做好就得找对信息和方法。因此花大量的时间在图书馆搜寻资料绝对必要，找到适合的资料后还要仔细研读才能过滤出有用的部分。

此外，研究生的课程一定要课前预习和课后复习，一天读上百页的原文书是家常便饭，想偷懒得小心，要是被教授点到却答不出来，可就糗大了。有时候就算没有被教授点到，还得想办法挤出些意见来发表，以加深教授的印象。

除了读书时间超长之外，研究生的作业量也很惊人。有一次为了赶出一份 10 页的报告，我连续 3 天没洗澡、没好好吃饭，看到计算机屏幕就想吐。

写报告最困难的一点在于如何将写作技巧和专业知识巧妙结合。怎么说呢？写英文报告不只是用英文写出一串串文法正确的句子，更要分析、检视所学过的知识并提出令教授信服的理论或想法。长篇大论却毫无新意的报告是拿不到好分数的，因此常常在图书馆坐了两个小时只挤出一两页报告。

当研究生很辛苦，却能真正扎实地学到东西，也可以学会如何有效率地运用自己有限的时间。所以我常常提醒想出国念书的朋友将自己的语文能力、研究能力和读书习惯培养好，到时才不会不知所措。

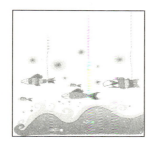

天上掉下来的大礼

每年一度的申请系里助教奖学金的时间又到了。在台湾，"助教"实为行政助理，说难听一点就是打杂兼跑腿的，而在美国的大学校园里，"助教"则为研究生助理的其中一种。

美国大学给研究生的奖学金大致分成两种。第一种叫做"fellowship"，能拿到这类奖学金的学生几乎都是"超"优异的，不但成绩好，研究能力和工作经验也让人刮目相看。这类奖学金通常足够支付生活上的基本开销，学生可以无忧无虑地专心念书，只要把成绩保持好就行了。

第二种叫做"assistantship"，拿这类奖学金的研究生必须为学校工作，通常每周10到20小时不等。依工作内容又分为三类，第一类为"研究助理"，在人文科系里，研究助理帮助教授找资料、作研究、编期刊等等，理工学院的研究助理则可能在实验室里帮教授作研究或带大学部学生的实验课。第二类为"教学助理"，有些教学助理帮教授改作业，并带领大学部的课堂分组讨论。另一些教学助理的角色则比较像讲师，他们在大学部授课，少数表现出色的博士生还有机会教硕士班的课。在大型的研究型大学里，由研究生教授基础课程的情况非常普遍，以南伊大为例，每学期得开出数十堂大一英文课，这些课全由英文系硕、博士班的研究生担任讲师。最后一类"assistantship"为行政助理，工作地点不一定，图书馆、学务处、宿舍、电算中心、体育馆等地点都会雇用研究生协助行政工作。

我就读的语言学系系内助理通常是运用英语教学的专长，在附设的语言中心和大学部教授语言课程。能在入学前被系里选做助教的新生不仅能力好，且清一色是美国人，国际学生得在正式入学后才有机会跟其他美国学生抢剩下的名额，竞争之激烈可想而知。

因此当开放申请时，我压根没想到要插一脚。虽然我的成绩保持得不错，课堂表现也不差，但一想到自己的母语不是英语，加之班上高手如云，便连申请的意愿也没了。

就在申请截止前几天，我在"超级杯"足球赛的派对里和一位担任助教的美国学姐聊天，这位学姐鼓励我至少试着申请看看，不然什么机会也没有。她的鼓励使我想起之前找工作和考二技时，不也是抱着一试的态度而得到意想不到的结果吗？

于是一回到家，我急忙准备申请资料，附上履历和教学理念，赶在截止前送出了申请书。几个星期后的一个午夜，我在宿舍里收到系里发来的 E-mail，通知我正式被任用为语言系助教。

我一时狂喜不已，迫不及待地打电话回家报告这个好消息。

因为我不但会获得宝贵的工作经验，接下来的学费也会全免，校方还每月支付 1000 美元的工资，我不必再为经济压力烦恼了，更不月急着一年半把硕士班的课程上完，可以慢慢地花两年时间毕业。

隔天到了学校，我发现自己是唯一拿到系里奖学金的台湾学生，不由得小小地得意了一下，但接下来的挑战让我不得不紧张起来。

我每星期将工作 20 小时，工作内容分为两大部分，其一是教授一堂语言学系所开设的大学部英文写作课，另一部分是在英文系的写作中心（Writing Center）担任辅导老师，辅导学生的写作技巧。

即使英文系和语言学系都有一星期的职前训练，大致介绍课程内容和教学技巧，甚至还规范了师生关系和性骚扰申诉通道，不过一星期实在太短，无法对助教这一职务的责任和义务通盘了解，看来只能边做边学了。

在正式开工前，我得先通过针对各系外籍助教实施的口语测验，以确保这些助教有足够的英语能力在课堂上和学生互动。测验当天，我先回答 3 位不同系所的教授的提问，并讨论了一下教学理论和技巧，他们便放我走了，连第二阶段的考试也免了。

Lesson 2
student teacher

美国和台湾一样，成为正式老师前要实习试教，实习老师的英文是什么？不是 intern，而是 student teacher，也就是说他们既是老师也是学生。

Mr. Lee：Who is that guy?
那个家伙是谁啊？

Ms. Hamilton：That is Matt. The new student teacher.
他叫 Matt，是新来的实习老师。

"菜鸟"
教书趣（上）

我教的这门大学部课程全名为"中级英文写作"。在南伊大，所有大学部学生都必须上过"初级"与"中级"写作课才能毕业，这两门课的目标是帮助学生学到足够的写作技巧，以便应付大学四年里的大小作业和报告。

学过英文写作的人都知道，中文与英文的文章结构略有不同。英文写作讲求开门见山，有话直说；跟中文比，日文写作可能更拐弯抹角；其他语言像是阿拉伯文的写作方式也很不同，讲阿拉伯语的人写起作文来会将同样的事情用不同方式一而再，再而三地解释。

英文系的助教们大多不清楚文化的差异会让写作方式如此多样，因此当他们读到国际学生所写的作文时，搞不好会以为这些学生神经错乱或脑子有问题！

有鉴于此，吾言学系也开设同样的课程，让英语教学研究所的助教运用他们的专业知识来教导母语非英语的国际学生，而国际学生可依个人需要从两系所开设的写作课中自由选择。

中级写作课的课程主轴是针对学术报告的写作训练。一想到连自己都还在摸索和学习，不禁感到心虚。当然系里也清楚一星期的职前训练只是点到为止，助教们必定仍手足无措，所以写作课的总指导，也就是我的老板布莱斯教授，编了一套完整详细的课程，如此一来助教们就不用担心该教什么。至于该怎么教，怎么帮助学生吸收，就要靠助教各凭本事，各显神通了。

开学第一天，跟所有学生打了招呼、作完自我介绍后，便让大家填个人资料。16 个学生里，大一大二的都有，不过有几个年纪跟我相仿，让我有点担心自己的年轻外表没有说服力，还好这群来自世界各地的学生似乎都很亲切，很好相处。

学生当中有 4 位来自塞浦路斯（位于地中海的欧洲岛国），他们都是拿游泳奖学金来美国念书的。还有 4 位是来自澳门的交换学生，他们在澳门大学都是高材生，才得到来美国当交换学生的机会，看到其中两位的"托福"成绩比我的还高出许多，我又紧张起来。其余的学生则分别来自以色列、哥伦比亚、苏丹、尼泊尔和日本。

每星期一、三、五的早上，我在课堂上通过示范、练习和讨论，一步步地教导学生学术写作的过程。学期初，我们首先探讨如何选定一个好的研究报告主题，在学生们学会主题设定的原则后，每个人都必须根据自己的主修或兴趣选择一个研究主题。举例来说，我的以色列学生研究的是消费者行为对工业设计的影响，而另一位塞浦路斯学生则探讨儿童肥胖的成因和预防方法。

接下来，我带着学生到图书馆，介绍研究报告可利用的各种信息来源，如期刊、专业书籍、微缩影片、电子数据库等等，并请图书管理员讲解搜寻工具和借阅规则。在课堂里，我们也讨论了如何分辨这些信息的优劣及真伪。

有了研究主题和工具后，学生们得找出十篇和主题相关的文章，完成这学期的第一份作业——"研究计划"。研究计划的内容必须包含研究动机、主题和方法。

研究报告最忌讳"抄袭"，因此课程的下一个重点便是教导学生引用他人研究成果和理论的原则。学生们必须了解怎样用手边的信息支持自己的假设和论点，却不至于侵犯他人的著作权。学生们还必须学习用不同的辩证法为自己的研究主题寻求结论。这时学生们得运用所学，完成一份以文献分析与引用为主的期中报告。

助教中大部分是第一次教大学生，不免在教学上遇到困难和挑战，因此系里提供许多协助我们提升教学品质的机会。

每星期助教们都要和总指导布莱斯教授共聚一堂，分享教学日志和"疑难杂症"，一起"头脑风暴"，寻求更好的教学方法；教授也会指导我们阅读和写作教学相关的研究和信息，并讨论如何将最近的研究成果应用在课堂上。除此之外，我得到其他助教的班上观察他们上课的情况，并安排摄影师到我自己班上来拍摄我的教学状况，然后和布莱斯教授一起看录像带，找出我的优缺点。

不知不觉一学期过了大半，剩下的课程内容都是些杂七杂八的东西，像是引用原文时标点符号怎么标，参考书目怎么编，何时可以用缩写等等。同时，学生们也都完成了他们至少 12 页长的研究报告初稿。我将学生们分组，让他们互相讨论自己的初稿，接下来跟所有学生单独面对面地讨论其报告内容，给予批评和建议。期末考试那一周，学生们做口头报告，并将研究报告完成，也就是他们一学期以来的努力成果。

回顾这一学期，大部分学生都很合作，没有给我这个"菜鸟"带来太多麻烦。只有两个女学生不知是故意还是装傻，作业老是迟交，且交上来的作业不是格式不对、长度不够，就是文不对题，其中一位莎提小姐已是第三次修这门课，还把以前的报告拿来充数。

有一次我检查家庭作业，在笔记本上随手记下没完成作业的学生名字，莎提小姐向我大吼："你要我做的我都做了，你还要怎样？"这突如其来的举动让我愣了一下，过了几秒钟我才回过神来，赶忙解释我并不是在打分数，只是做些记录。这位大小姐，我只能说她自作自受，最后还是没能拿到这 3 个学分，可不是我心肠坏故意为难她，实在是她的学习态度有问题，作业几乎从未达到过要求。

经过这一学期的磨炼，助教们都已进入状态，我们便不需要定期向老板报告了，对课程内容和教法也更有自主权。

在这门写作课里，收获最多的其实是我，不是学生。这么独特而有趣的经验是可遇不可求的，在教导写作的过程当中，我不仅对研究报告的写作技巧有了更深入的了解，还有机会跟来自世界各地的学子相互切磋，教学相长，我做梦也没梦到会有这样的好运呢！

"菜鸟"
教书趣（下）

每星期 20 小时的工作量中，教中级写作课只占一半，另一半的时间则花在英文系的写作中心里。在许多稍具规模的美国大学校园旦，写作中心是很常见的编制，它的功用在于帮助学生增进写作技巧：通常学生先跟辅导老师（tutor）约好时间，然后依约带着作业或报告和辅导老师见面，辅导老师跟学生一对一地讨论作业的优缺点，并进一步提供写作技巧的改进方法。

有些大学会向学生按时间收费，有的完全免费，南伊大将写作中心开放给所有大学部和研究所的学生，不收分文，语言学校的学生则无权使用这项服务。该中心的辅导老师大部分是英文系的硕、博士班的研究生助教，也有一少部分语言学系的助教，使用他们的目的是借助他们的英语教学专长辅导外籍学生。

身为辅导老师，我们最重要的任务是帮助学生找出写作上的弱点，并找到改进之道。举例来说，有些学生有了题目不知道如何下笔，有的学生不知道怎么找资料为自己的论点佐证，或有学生有许多资料，写起报告却毫无条理、杂乱无章。当然，也有人逻辑不错，写起来头头是道，文法和拼写却惨不忍睹。最恐怖的是有学生把这些写作大忌集于一身。

所以我们得对症下药，教导"客户"们所需的写作技巧，以后他们才能自力更生，不用每次都求助于人。而辅导老师最该避免的就是帮学生逐字逐句地改文法错误，否则本中心得更名为"改错中心"了。以上便是我在一星期的职前训练中所学到的，是否准备好上场了呢？开学就知道啦！

我永远忘不了第一个"客人"，一个30来岁的美国男子，大四政治系的学生。他把作业在我面前摊开，问我该怎么办。很显然，他的教授不满意他的写作风格，只在他的报告上打了个"C"，并要他向写作中心报到。我实在不知道这教授是怎么当的，不喜欢也要给个理由啊！竟要学生自己摸索，很不幸，这是许许多多老师常犯的错误。

我开始仔细阅读这个学生的报告，结果读了一遍、两遍、三遍，从左读到右、从右读到左，就是看不出到底哪里有问题。我觉得他写得很有深度，有些词我还看不懂，句型也都很复杂，看来是下过一番工夫……

怎么办？我开始冒冷汗，开始发抖，拼命想挤些东西出来，但是脑子里还是一片空白。一直发抖下去也不是办法，又无法厚着脸皮睁眼说瞎话，只好红着脸向一位刚好没有"客人"上门的辅导老师求救。这位英文系研究生三两下就把我的"客人"搞定了。问了他之后才知道，原来这位"客人"就是太爱卖弄，太喜欢咬文嚼字，才被教授嫌弃。学术报告最重简单扼要，简洁有力，过于华丽繁复的句子只会弄巧成拙。

虽然我的"第一次"不太顺利，幸好大部分学生并不难对付，但有时候辅导得太好也麻烦。有个黑人祖母每星期都来报到，跟我闲话家常，不是聊她那不太长进的儿子，就是新生不久的孙儿，我对她的私生活实在没什么兴趣，只能点头微笑："嗯，太好了，棒极了……好……好……"

这份工作最让人感叹的是当今大学生素质的低落。有一次，一个美国学生拿着作业进来，说教授要他们写一篇议论文，她不知该怎么办。我要她试着列出她的观点，然后拟出大纲，她却摇摇头，表示对题目没概念。我即便手中没资料，一会儿工夫就列了一个大纲，让她有个基本的方向，我用的只是最基本的推论法，任何高中生都该学过才是。

更常碰上的问题是文不对题、不会断句、不会用标点符号等。我常常担心，若这些学生毕了业，跑去台湾，摇身一变成为人人崇拜的英文老师，那还得了！

所以啊，大家在膜拜迷恋这些"洋鬼子"的同时，可得看清他们的底细，别以为大学学位就是品质保证。

在写作中心辅导学生算是个很轻松的工作。淡季"客人"比较少，我常可以写自己的作业，或跟其他助教联络感情。其实这样的生活挺惬意，尽管要一面读书一面工作，但每学期只需修六七个学分，反而不像新生时压力那么大。

欢乐时光总是过得特别快，难以相信还有不到两个月就要毕业了。

美梦成真

2003 年 5 月，我以全 A 的成绩毕业了。在美国参加毕业典礼感觉很特别，大家都把毕业当成重大的事，即使只是学士学位，拿到的人都兴奋得像中了头彩。

明明不是拿博士，也没念什么顶尖名校，并没有值得兴奋的理由，然而拿到毕业证书那一刹那，我仍是雀跃不已，因为我多年来获得英语教学硕士学位的小小愿望终于实现。

学位不过就是张纸罢了，我这两年所学到的知识、所遇到的人和事才是最珍贵的，这些经验无法用金钱买到，只能靠自己去探索和学习。

身为学生，最容易感受到的文化震撼便是美国人做学问的态度。在这里，主动积极、勤学好问是研究生应具备的基本特质，台湾"默默耕耘"那一套最好留在家里。而美国课程的弹性和多元化，以及教授的开放和鼓励，更让学习环境充满挑战和刺激，能够帮助学生发挥潜能。

以我的老板布莱斯教授的课为例，她从来不站在黑板前讲课。每次上误前，大家都必须按照进度表预习要上的章节。到了教室，大家托桌椅围成一个圈，开始讨论。布莱斯教授通常先让人把章节的大意讲出来，并发表自己的看法，然后让学生问问题，分享自己的观点，或是质询同学的想法。大家你来我往，好不热闹。

这时谁预习过，谁在胡扯，一下就看出来了。若是预习过，就别谦虚，讲错也没关系，要不然就努力找问题，表现自己的求知欲。至于没预习的人，在这种座位安排下，连躲都没地方躲，既不能待在那儿傻笑，又不能乱发表意见露出马脚，尴尬的情形可想而知。

这样逼迫学生思考的上课方式比抄笔记有效多了，3 年后的今天，那门误的许多重要观念仍使我记忆犹新。

不过有些教授仍是很传统的，我的"第二语言习得"的老师即是一例。聪明绝顶的她是该领域知名的专家，讲起课来口沫横飞，却常常忘记问学生懂了没有。最让人受不了的是她对自己的冷笑话似乎很得意，常常一个人在那里笑个不停，学生们则面面相觑。

这位教授也有优点，那就是她一向喜欢接受学生的挑战。我有次上课时不知是哪根筋不对，开始挑剔她所分享的一项研究结果。其实我问的问题也没什么理论根据，只是觉得跟她辩一下挺好玩的，直到今天都不知道当时是哪来的狗胆。过了一个学期，我又修到她的课。这时已是毕业前最后一个学期，大部分时间我只是坐在那儿发呆，做白日梦，偶尔抄个笔记。好几次教授忍不住问我为什么不像以前那么爱发问了。看她这么怀念往日时光，我又有了一点点念书的动力，有如此雅量的教授大概不太多见吧？

这里的师生关系也值得一提。每到学期末，我的老板布莱斯教授和写作中心主任柯吉教授都会在家里开派对，邀请同事和助教们参加。这是一探美国文化的大好机会。

厨艺精湛的布莱斯教授总是盛装打扮，奉上她所准备的佳肴，爱品酒的她也一定会准备各式红酒、白酒，让每个助教都宾至如归。柯吉教授的派对较随性，她的派对虽不若布莱斯教授的派对那般讲究，但英文系的其他教授和她的好友们总是到场同乐，气氛轻松自在。

这些场合不仅流露出教授们人性化的一面，也拉近了师生之间的距离，让彼此的工作关系更和谐。

开放的学风和本身对语言教学的兴趣让我在这两年里收获满满。我并不是个用功认命型的学生，通常要有报告压力或有人在背后鞭策才会乖乖念书，然而这两年的磨炼，逼出了我的潜能，帮助我完成了许多以前做梦也想不到的事。我不敢说念了研究生我就成了好老师，但是我至少有了当个好老师应具备的知识和工具。

美国的高等教育究竟有何吸引人之处？为何这个国家在许多领域内的研究领先全球？我想我有了答案。

Lesson **3**

Honor Roll

美国学校给学生的成绩单上是不排名次的，避免给学生以刺激。不过，我想很多学生根本也不在乎吧。

但是表现好的学生还是有被表扬的机会！每科都拿 A 或 A 和 B 的学生名列每学期公布的 Honor Roll（荣誉榜），学校会邀请家长到校出席颁奖典礼，一同分享喜悦！

My son is on the honor roll for the first time. I am so proud of him!

犬子第一次上荣誉榜，真令人感到骄傲！

老师
没教的事

在课堂上，教授传道，授业，解惑，学生在精进学业的同时，或多或少对他国的学术风气和教育文化有了新的认知和了解，不过要真正体验当地的风土民情，就一定要走出教室，这些可不是课堂上会教的。有了这样的认识，我决定能玩就玩，可不要来这儿白走一遭。

在我把学业和生活上的琐事摸熟以后，自己的时间也多了起来，便决定加入系学生会，并自愿担任语言学系代表，加入学校的"研究生和专业生（指医学院和法学院学生）议会"。在系学生会投票通过后，我就正式成为学生议会的议员。

出席学生议会有机会认识其他院系的研究生，更重要的是能够比其他学生先一步知道学校的新政策，还能参与学校的决策过程，表达各系学生的心声。举例来说，学校在调整学杂费前会先征询我们的意见，增设新的研究所或筹划全校性活动时也必将我们的建议纳入考虑范围之内。

毕竟我是个外国学生，有时候大家在辩什么，我其实不完全懂，只能在投票表决时跟着大家举手。但我仍乐在其中，能多少了解其他研究生的想法和美国大学的运作方式，我感觉很有收获。

在人数多的大学校念书的另一个好处是学生背景很多元化。我家楼下的邻居是塞浦路斯人，研究所的同学有巴西人、韩国人、日本人、德国人、希腊人、阿拉伯人、贝南人（不用查了……"贝南"在西非）、印尼人等等。在看腻了CNN的观点后，跟这些同学聊天有如拨云见日，让我重新认识这个世界。

我一直记得隔壁办公室的同事拉哈雅。这位从巴勒斯坦来的母亲在布什宣布出兵伊拉克那天气急败坏，差点要罢课。在听了她对许多中东问题的见解后，我对巴勒斯坦人的处境深感同情，也更坚信多看、多听、多学的重要性。

美国学生大都自以为是，冷漠无情，对国际学生不屑一顾，没见过什么世面的大学部学生尤其如此，许多留美学生可能都感同身受。常有奇遇的我，倒是碰到几个热心友善的美国同学，跟我同一间办公室的杰森和雪柔都是美国人。爱装酷的杰森总是来去匆匆，雪柔则每天跟我东家长西家短地闲聊，课业上也常常互相帮助。

隔壁的同事潘蜜拉更热心了，她主动把某门课写过的报告和作业统统借给我参考，没想到那门课的教授竟然把上个学期的授课内容一字不改地拿来蒙混，结果潘蜜拉的秘笈替我省下了好多时间呢。（我不能跟你说是哪一科，反正很难拿高分就是了）

　　我的两个室友不巧也是美国人，从他们身上我看到了美国年轻人邋遢、懒惰的一面。他们坏习惯不少，老是把东西丢得满屋子都是，抽屉打开了就不会推回去，碗盘堆了一星期还不洗，冰箱也一年没清理过。他们的房间曾经凌乱到我有一天忍不住拿起相机拍了几张照片留作纪念，放假回台湾时不忘跟母亲炫耀自己跟美国人比起来有多爱干净，希望她别再老是叫我收拾房间了。

　　这两个大男生除了不爱打扫，并没有什么大的缺点。他们平日努力打工，用功念书，待人和善，跟许多大学生比起来简直是异类。那典型的美国大学生到底是什么德性？

　　很多美国大学生没什么大脑，最爱做的事是参加派对。他们对派对的定义很简单，一群人聚在一块儿喝酒看电视就算派对了，因此每到周末到处都有派对，管他认不认识，哪儿有派对就往哪儿走。这些派对通常就在学生的住处举行，一堆人一边喝酒一边讲一些没什么意思的事，喝到最后每个人东倒西歪。每到星期日早上，这些房屋前的草坪上总有不少散落的空酒瓶，诉说着前晚的惨烈。

　　当然还是有不少用功念书的学生。迷恋派对这种幼稚的行为大都发生在排名中等的大学，读名校的学生念书都来不及了，很少会玩到这么离谱。

　　除了参加派对（我去的派对可没上述那么白痴），我有幸得到许多机会亲身体验美国传统文化。例如和同学到她阿拉巴马的老家过第一个感恩节，感受南方人的热情好客，并见识了他们超保守的一面；我也曾在万圣节亲手刻了一个南瓜灯；暑假时，在美国家庭的游泳池边或农场里烤肉，或者和他们一起打排球。

出于对宗教的好奇，我还参观了好几家教会，观察美国人花样百出的信教方式，有的让人感觉平静安详，有的叫人毛骨悚然。我甚至曾跟着教会朋友跑去黑人区发放救济品，看看美国穷人的生活。

留学生一定会做的一件事就是出游了。苦命的阿甘在荒凉的中西部，又没太多闲钱，只好在附近绕绕。两年间我把周围的州都跑遍了，像密苏里、威斯康星、密歇根、印第安纳等州。这些地方的共同点，就是都有一望无际的玉米田，地形毫无起伏，教堂比便利商后多得多。我只好不时安慰自己，至少我见识了东西岸的留学生一辈子都看不到的奇人异事，还没事跟远在台湾、毫无地理概念的朋友们炫耀自己玩遍美国"数州"。

仔细想想，虽然我吃不到盐酥鸡，喝不到珍珠奶茶，方圆十里内也没有 KTV，但是我看到了美国最朴实的一面，也多少了解了这个国家的传统价值如何将它变成世界强国。

回顾这两年，似乎没有白过，不过老实说，这种步调缓慢的无聊日子真的够了，我毕竟是在城市里长大，习惯了都市的便利和刺激，一点也不想永远过这种乡巴佬式的生活，可得想办法赶快回归文明。

逃离鸟不生蛋的南伊利诺

回归文明的第一步是离开这鸟地方，要离开得先找到工作。当初来念书的时候并没打算留在美国，只想赶快念完回台湾捞钱！不对！是回去春风化雨。然而，没有机会把美国玩个够实在太可惜，而且硕士学位高不成低不就，回台湾去不一定能找到好职位，我便决定在美国多积累些教学经验再说。

我既不以英语为母语，又非美国公民，有些人觉得我去跟美国人抢教英文的饭碗可能脑子坏了。不过一位也在当助教的韩国学姐成功地找到了教职，给了我很大的鼓舞。这位学姐鼓励我闯闯看，并和我分享了许多面试心得和技巧，我于是想，不管别人怎么看，一定得尝试一下才对得起自己。

丢出一堆履历表后，有6所学校有了回音，通知我去面试。在加州的是一所4年制学院，离我最近的是南伊大位于圣路易市附近的一所分校。东岸方面，则有1所社区大学和3所公立中等学校。

加州的那个工作看起来最吸引人，因为我可以发挥专长教大学生写作，可是他们找了8个人去面试，只打算录取2人，似乎不值得花旅费跑这一趟，只好忍痛放弃。

东岸的几所学校彼此距离并不太远，一位住在费城的朋友还很仗义地答应助我一臂之力。于是我便开始筹划东岸之行，将4所学校"一网打尽"。

等我到了东岸，其中一所高中已补足缺额，剩下3个面试等着我。前两所都是中学，面谈过程还算顺利，尽管疲惫不堪，我依然吹得天花乱坠。这可是我这辈子第一次走进美国公立学校的大门呢！现在回想起来才知道当时有多勇敢。

第二天和友人开了3个多小时的车到新泽西州进行最后一个面试。当车子缓缓开进市区时，我逐渐发觉这个交通繁忙、商店林立的城市跟我见过的其他美国城市明显不同。这里的店面从外面看来大多破旧肮脏，街上黑压压一片，不是黑人就是墨西哥人。去面试的学院就坐落在市中心，建筑毫不起眼，主导面试的英语科（ESL）主任办公室小得让我打了个寒战。

这位主任是个40多岁的中年女性。她开门见山地告诉我，他们的学生跟我在南伊大教的大学生有天壤之别。这儿的学生大都白天上班，要不然就是些单亲妈妈，得为工作和家庭奔波，没有什么时间念书。我听了后猛点头，也不管她对我到底有没有兴趣，便夺门而出，头也不回地逃走了。

隔天下午，其中一所中学打电话通知我被录用的消息，我和朋友大吃一顿以示庆祝。这趟东岸之行，任务圆满完成。

和新雇主签约前有件事得赶快办，那就是参加公立学校教师基本能力测验。这项测验在全美30多个州都适用，内容包含英文阅读、英文写作和数学，没通过就无法在公立中小学担任老师。英文阅读和写作两科的题型有点类似"托福"，但是内容是针对美国人而设计的，难度比"托福"高了些，数学则好应付多了，只到台湾"国一"至"国二"的程度。

结果我3个部分都通过了，数学还拿了"满分"，叫我不得不向台湾化腐朽为神奇的数学教育致以最崇高的敬意。我后来搬到东岸开始工作后才听说有人想要为人师表，却卡在这项测验的数学部分而无法如愿，有的考了两三次才通过，也有的怎么考都达不到该州高于全美其他州的超高标准，只好远走他乡，跑去要求比较低的州教书。

为了帮助彷徨无助的应试者，附近好几所大学的推广部都特别开设数学加强班。让人不解的是，他们还开阅读和写作班，这会不会太离谱了？有大学毕业的准教师连自己的母语都搞不定的吗？

工作有了，考试成绩也收到了，这下我终于可以挥别伊利诺伊州南部这又俗又土、毫无特色的小镇。纵使交了许多朋友，有着美好的回忆和充实的求学经验，我竟没有一点依依惜别的伤感，只想快点离开，希望不要再有机会回来。我真是个无情的人啊！

拖着一堆行李，搭上飞往未来的班机。在飞机上，我不禁猜想新生活、新工作将是什么样。有点兴奋，有点期待，又有些许紧张。我安慰自己，连大学生都教过了，中学生算什么，会难到哪里？

唉，天真的阿甘不晓得自己已大祸临头……

第三辑

另一群
难缠的小孩

美国中学
大不同

同样是中学，美国和台湾可是大大的不同，软硬件皆相差十万八千里，好多事情都得从头学起。

我任教的这所学校在美国东岸，离最近的大城市只有 20 ~ 30 分钟车程。校园跟好莱坞电影里的场景相去不远，两层楼高的建筑坐落在一个满是豪宅的高级住宅区。包围校舍的是田径场、棒球场、篮球场、网球场和两个偌大的停车场。

由于冬天冷，这里的校舍不像台湾有走廊，大部分活动在室内进行。就像电视上演的，校舍内的走道两旁是一排排的置物柜，学生到校的第一件事就是把背包和大衣放进置物柜，顺便和好朋友寒暄聊天。

另一些台湾"国中"比较少见的设施包括学生集中吃午餐的餐厅，可以媲美电影院的礼堂，室内体育场，藏书丰富的图书室，戏剧课专用教室等等。对了，我们还有"驻校警察"呢！（嗯……有必要吗）

每天早上 7：30 ~ 7：40 左右，校车或家长将学生送到学校，开始一天的学校生活。每天一共有 7 堂课，一堂课 50 分钟，每堂课之间只有 4 分钟的下课时间，不要怀疑，只有 4 分钟。这么短的时间撒泡尿就用得差不多了，还能干吗？其实这就是目的所在，为的就是不让学生有时间在走道上逗留，以免滋生事端。天啊！这又代表什么？

虽然这儿是中学，课程安排倒有点类似大学，7 门课中有 5 门必修课，分别是英文、数学、社会、自然、体育，外加两门选修课。选修内容包含外语、家政、计算机、工艺、音乐、戏剧、美术等等。所以学生每天都会跟 7 个不同的老师见面。

还有一个跟台湾不同的地方就是学生没有固定的教室，反而是大部分主科老师有自己的教室。学生得按照课表去相应的教室，每堂课遇到的同学也不尽相同。

我的职称是 ESL（English as Second Language）老师，教导的对象是母语非英语的移民学生。以前一直以为当个 ESL 老师只要教英文就好了，其实不然，可得具备十八般武艺才能"下海"。

我的学区（School district）为移民学生设计了一套深获好评的课程，只有初、中级英文程度的学生有他们专属的 ESL 英文课、ESL 自然课、ESL 数学课，和 ESL 社会课（包含史地）。等他们的英文程度到达高级，便能够和普通生一起上课。这些混合了普通学生和高级 ESL 学生的课堂里通常安排一个主科老师和一个 ESL 老师搭配教学，以确保 ESL 学生能够适应良好。

因此，ESL 老师不但要教英文，还得教些别的，在帮助移民学生学习英文的同时，也能使他们吸收其他学科的知识。一天 7 节课里，每个老师至少教 5 节，剩下两堂课的时间用来备课和改作业。我刚开始这份工作时，被分派教 3 堂 ESL 中级英文课，并与一位生物老师和一位数学老师搭配教导普通生的课程。

ESL 中级英文课的内容对我来说再熟悉不过，不外乎是阅读、文法、单词和写作上的训练。普通生的数学和自然课就困难多了，残酷地考验着我。

首先，没用英文学过数学的我得记下好多数学专有名词，从简单的如分子、分母、面积、体积、最大公因式、最小公倍数到拗口的直角、钝角、平行四边形、斜率、函数等等。记住这些名词并不难，用英文教学生解题才是一大挑战。要能够用对名词动词，又要讲得清楚易懂。

这时我又不得不赞赏台湾的数学教育奇迹，我这种数学白痴在摸索一段时间后，竟也教得有声有色。事实上美国七八年级的数学跟台湾"国一""国二"的数学课程相去不远，只是完全没有钻牛角尖或刻意要刁难学生的题型，一点也难不倒我。

普通生的班级通常 25 人左右，ESL 学生只有五六个人，尽管我是 ESL 老师，不是专任数学老师，总不能只照顾那五六个学生，任何学生有疑惑我都得解答。几年下来我愈来愈得心应手，凡是跟我搭档的数学老师，都很高兴有我这个"天才"，不但没有成天向他们请教数学问题，还帮他们排忧解难。

后来我竟"独挑大梁"教了一个班的 ESL 数学课，读者中若有我的专科同学或教过我的老师，请不要惊吓过度，我可是很用心地在教这些无辜的学生呢！在我春风化雨般谆谆教诲下，大部分学生在学年结束时数学都大有进步！

命运有时真会捉弄人，不是吗？谁能料到一个在台湾数学很少及格的白痴，有一天会在地球另一端教一群比他更白痴的学生他最痛恨的科目。

尽管教授的科目多而杂，在这儿当中学老师的好处是不用担任导师，我只需负责学生在我课堂内的行为和学习状况，50 分钟一过，等他们出了教室门，不管干好事坏事，就通通与我无关了。

谁那么倒霉来做这个工作？答案是辅导老师。我所在的学校有 5 位辅导老师，每位平均分配到 200 个学生。开学前或新学生转入后，辅导老师安排学生的课表，之后追踪这些学生的学业和行为表现。若学生表现欠佳，辅导老师会对学生进行一对一的辅导，或采取其他措施帮助他们。

当我的学生出状况时，我可以直接打电话跟家长沟通，要是没用，可再通过辅导老师和家长安排见面时间，请家长到学校来跟孩子的各科老师及辅导老师面对面讨论解决之道。

不用当导师就比较轻松吗？倒也未必，看看我教什么样的学生就知道了。我所在的学校有七八两个年级（高中为九至十二年级），全校大约 1200 名学生，以种族分，白人勉强占一半，黑人和西语裔各占 20% ~25%，剩下 5% 左右为亚裔或其他族群。不要怀疑，西语裔目前占美国人口的 14%，超过了黑人的 13%。所谓西语裔是指操西班牙语、从拉丁美洲（中美洲和南美洲）过来的移民，这些人中有为数不少是非法移民。所以，我的 ESL 学生里根本就没有东亚国家的孩子，10 个里有七八个是西语裔，其余的大都来自西非或中亚国家，例如利比里亚，加纳，巴基斯坦和阿富汗。

记得上课第一天准备点名时，我有好多名字叫不出口。常见的西班牙人名如荷西、胡立欧、璜、卡洛斯倒还难不倒我，有些拗口的则让我一开始老读错，像是亚拉罕卓、艾德瓦多尔、荷西安袭之类的，连中文念起来舌头都要打结了。我一直忘不了有一次一个新生的名字叫"Jesus"，我在那儿想了老半天，不知要不要叫他"耶稣"，又怕读错闹笑话，搞不好还会有人接着说"阿门"呢！

从南亚和中东一些回教国家来的男孩几乎通通都叫"穆罕默德"，所以点他们名字时，最好连名带姓一起念，否则不是没人举手就是一堆人举手。不过他们有时也会不按常理出牌，有一个来自阿富汗的学生全名叫"哈比不拉·哈比札打"，够特别吧？

除了名字有趣，这些来自不同文化背景的学生也带来一些叫人喷饭的观念。有一次我讲到自己烹饪的经验，哈比不拉不以为然地说："男人煮什么饭？那是女人的事！"而除了他最喜欢的足球，其他运动对他来说都太娘娘腔，他总是嗤之以鼻。

　　还有一次讲到一篇关于科学知识的文章，我兴致盎然地向学生解释为什么科学家要发射无人宇宙飞船去探测土星的卫星，一个平常从不捣蛋的女学生忽然大叫："科学家都是骗子！"我刚开始还以为她吃错药，没想到她很严肃地又说了一次："科学家都是骗子！"原来她笃信基督教，只相信《圣经》的说法，认为天文理论都是胡说八道。我没好气地说："嗯……没有科学家，你哪来的手机和电视机？你难道要回非洲去？"这招有点狠，不过至少让她乖乖闭嘴。

　　不同文化的碰撞所迸发出的火花固然令人赞叹，可是其间的冲突与冲击却也非常惊人，让我吃足苦头。上述的情节跟其他许多发生在我教室里的"惨剧"比起来，还只是小巫见大巫呢！

疯狂英文教室

Lesson 4
guidance counselor

美国的中学没有导师制度，guidance counselor 辅导老师就扮演了很重要的角色！

Guidance counselor 帮学生排课表，在学生有学业或行为问题时安排家长到校跟老师沟通，并在学生有情绪问题时给予辅导，高中的 guidance counselor 还帮助学生申请大学或提供职业生涯规划指导。

Fred：Who is your guidance counselor?

谁是你的辅导老师？

Elliot：My guidance counselor is Ms. Jones.

我的辅导老师是琼丝小姐。

我是
误闯丛林的
小白兔

第一天上课，照例请学生填个人资料并作自我介绍，这些再平常不过的例行公事，却让我纳闷是否走错了教室。眼前这十来个学生中，有七八个是西语裔，剩下的一个来自非洲加纳，还有一个来自巴基斯坦，他们看起来都像是 ESL 学生，嘴巴一张开却让人怀疑。

除了加纳和巴基斯坦学生有口音外，大部分的西语裔学生英文都讲得非常棒，不但听不出什么口音，流利程度甚至跟一般美国小孩不相上下！我真的是在教"ESL 中级英文"吗？看看手里的资料，仔细听了一下他们的自我介绍，赫然发现这些西语裔学生都已经在美国住上好一段时间了。有几个从小学一二年级就在美国读书，还有一两个竟在美国出生，从幼儿园一直到中学二年级都在美国受教育，这些学生怎么可能还在上 ESL 的课？

谜底在我开始讲课后很快被揭晓。我兴奋地跟学生们介绍我精心准备的教材，还没进入正题，学生们已经叽里呱啦地聊成一片，而且是用西班牙文。咦？我这是在美国还是在墨西哥啊？

　　我笑着提醒他们既然上课铃已响，就应该专心听讲，尊重其他同学的权益。不到 10 秒，又聊开了。我有些恼火，但忍了下来。好不容易等他们安静了一点，我又试着教下去，10 秒一到，我又被打断。真的是屡试不爽，这些学生从未给我超过 10 秒的时间。10 秒能干什么？当然什么都做不了，我根本没有任何机会讲到重点。这时我再也受不了了。

　　"嘿！你们够了吧？"我破口大骂。

　　下面传出几阵笑声，然后他们继续讲他们的。

　　"我到底要说多少次，这里是教室！"

　　"我们有重要的事得讨论，不行吗？"一个女生瞪了我一眼。

　　"我才不在乎你有什么事要讨论，上课就得守规矩。"我语气强硬了起来。

　　"你在不在乎是你的事，谁理你！"

　　"太过分了……你最好立刻闭嘴，否则走着瞧……"

　　"你才该闭嘴……吵死了！"

　　……

　　突然间，我明白为什么有那么多学生在 ESL 班级里游走多年还无法脱离。为了加强教学效果，ESL 班级通常不超过 15 名学生，然而许多学生不听老师讲课，上课不记笔记，作业也不写，甚至两手空空来上课，吊儿郎当，英文水平当然永远无法进步。在全美语的环境下上学，他们的口语听起来跟一般美国孩子没有两样，但是他们的阅读和写作能力却烂得一直到不了离开 ESL 的门槛。

一个西语裔的女孩子几乎每天上课都和离她好几排远的同学嬉闹，怎么讲都不听，态度又差。这样的情况一直没有改善，我只好给她母亲打电话……

"阿麻鸦太太你好，我要跟您谈谈您女儿辛蒂的情况……"

"都是你的错！一切都是你的错！"

咦？这疯女人是谁？没拨错电话吧……

"阿麻鸦太太，您听我说，您女儿辛蒂最近实在不像话，弄得我课都上不下去……"

"都是你的错！我家辛蒂早就跟我说你怎么侮辱她……"

"什么？我没有侮辱她！事实上……"

"你好大的胆子，竟敢这样对我家辛蒂，还把过错推到她身上。"

"……"

"她会在学校捣蛋通通是因为你！"

……

好吧！我自认倒霉。这大概叫"上梁不正下梁歪"。

学生上课狂讲话不听课是常态，我若是说他们两句，他们马上回嘴。我这个人跟人吵架不爱认输，往往跟这些学生吵个老半天才惊觉自己在跟这些十几岁的小鬼吵嘴，尊严何在？我只好自己先住嘴，否则真的会没完没了，这些学生可不会给老师任何面子，再无礼的话他们都说得出口。

觉得这些学生可恶难缠吗？一些流氓级或精神异常的学生才真正让老师们痛苦不堪。我三堂英文课里都有流氓级的学生。尼尔森刚升到八年级，曾留级过两年的他比大多数同学看起来老练。他跟哥儿们提多两人每天两手空空地来上课，把教室搞得天翻地覆。

这两个家伙在椅子上坐不到十分钟便开始嬉闹，不是对着同学扔纸球、弹橡皮筋，就是离开座位打同学的头、乱摸其他同学。接下来可想而知，被打、被摸的人和他们吵起来，于是他们开始在教室里互相追逐。

在美国，老师的管教权限不大，处罚方式有限，我能做的就是罚他们放学后留校查看，可是效果不好，被罚的一个也没出现过，我讲话等于放屁。

我还有一个选择，就是把他们赶出教室，送到一个叫做"Time-out"的小房间。这个小房间的功用类似军队中的禁闭室，为非作歹的学生得在小房间里关到下课，不准起身也不准说话。

把学生送去"Time-out"前，我必须先填写一张通行证，上面写明学生姓名、离开教室的时间、"犯罪事实"等，让学生带着通行证去楼下的"Time-out"报到。嗯，通行证写好了，我叫尼尔森和提多拿着它们滚出教室，他们晃呀晃呀地到了教室前面，还得意地笑个不停。

每每把那些混蛋送去"Time-out"，正以为可以松口气之际，就会有状况发生。你若以为他们会乖乖地去"Time-out"报到就太天真了，他们一离开教室便开始在走廊上胡闹，先是大吼大叫，敲打置物柜，再跑去别的教室门口跟他们的朋友扮鬼脸或喊话，弄得别的老师也教不下去，跑来跟我抱怨，害我脸都丢光了。

除了被这些"流氓"学生精神凌虐，肉体上的打击也躲不掉。有一回又有几个学生无理取闹还跟我顶嘴，我气得破口大骂，完全顾不得形象。等我骂完，转过身准备继续上课，突然有数根断掉的粉笔朝我飞过来，统统不偏不倚地砸在我身上。

我怒不可遏，身体因生气而微微发抖，脑子里一片空白，只能站在那儿发呆，直到下课铃响起，学生一哄而散，才慢慢地回过神，捡起散落一地的粉笔。但我散落一地的自信和尊严却不知怎么样才能回来。后来有个老师安慰我，说她在加州教书时有同事被学生扔剪刀，教了一个月就不干了。难道是说我没有被剪刀戳破头很幸运吗？

这时我的一些回忆忽然间慢慢拼凑起来，想起当初面试时被问到许多学生管教的问题。当时不以为意，随便编了一些答案应付，压根儿没想到这些问题的重要性，更怪的是这所学校竟还录用了我。

倒不是我从来没预料到这份工作所面临的挑战，美国学校的恐怖故事也曾听过不少，只是发生在自己身上时，其震撼常让我乱了方寸，不知所措。在研究所学了一堆语言教学的理论和方法，竟常常一点也派不上用场。每天花在跟学生对抗上的时间比教学还多，也许我该开始修"驯兽师"训练课程了。

面对无法无天的恶劣学生，老师能做的真的不多。我当然不能体罚他们或打他们（敢碰美国学生？脑子坏了……），连骂他们都得小心翼翼，免得伤了他们的自尊心（如果他们还有一点点的话）。

那么干脆统统送去"Time-out"，来个眼不见为净，可是这招并不好用，其他学生看到好友去了轻松好玩的"Time-out"，也纷纷想加入。有一天我一口气送了 6 个学生去"Time-out"，差不多是那个班一半的学生，没想到引来校长的关切，认为我这么做有点反应过度，剥夺了学生的受教育权。

有个学生老是不知会我便在上课时间径自出入教室，怎么说都没用，我决定直接将他带进校长室，希望校长好好训诫一番。校长了解缘由后走到学生旁边。

"汤玛斯，你几年级啦？"

"八年级。"汤玛斯看都没看校长一眼。

"八年级啦！哇！你再过几个月就要上高中了呢！"

校长拍了拍他的肩膀："把这几个月好好过完，回到教室去乖乖上课，不要再给阿甘老师添麻烦，懂了吗？"

我脸都绿了，突然间好像又是我的错，是我太小题大做。那么校长这番柔性劝导有没有效呢？大家用屁股去想吧！

在我权限内能用的最后一招是写惩处单（referral）。若学生犯的错误很严重，诸如侮辱同学、师长，严重违反校规，破坏公物，出手打人之类，老师应把细节详细列在惩处单上呈报给校方，由副校长决定是否给予停课处分。结果我写的惩处单大都石沉大海，10 张里面有 8 张不会有任何回应，连学生拿东西扔我和骂我都未受到应有的处分。

起初我气愤不已，渐渐地才了解那些行政人员也是有不得已的苦衷和吐不完的苦水。他们每天应付学生打架、搞帮派、带违禁品（刀或玩具枪之类）和学生校外滋事都来不及了，哪有时间管我那些"芝麻绿豆"的小事。

如今真相大白，原来驻校警卫的确有其重要功能，然而警卫无法以一挡百，学校还雇用了两个雄壮威武的黑人当保安，和警卫一同处理各种突发事件，并分头巡逻校园，猎捕逃脱的"小动物"。

虽然说校方有许多问题要处理，但是，未适时处分学生的一大副作用便是学生的恶行变本加厉，小混混逐渐成为大流氓。而且，刚开始教书的新老师往往最脆弱，最需要帮助，学校的不闻不问让他们在水深火热中不知所措。难怪学年结束时总有一个"逃亡潮"，每年都有超过 10 位老师转到其他学校任职或干脆转行。

那是一段灰暗的时期，我每天出门"上班"是因为不得不去，教书不再是什么神圣的使命，而是个糊口的工作。（当初来这儿好像也不是为了什么使命，只是想逃离中西部吧）每天带回家的不是培育英才的成就感，而是一肚子的牢骚和委屈。

我有个坏毛病，就是遇到压力无法埋在心里，非得发泄出来才舒服，这时我所有的朋友都成了我的"垃圾桶"，他们无一幸免。我只要一逮到机会就吐苦水，把学生的恶行恶状详细描述一番，然后批评行政人员的不是，最后还要我倒霉的朋友评理。后来连约会的对象都"惨遭毒手"，每次我开口闭口就是那些不肯受教的学生。

朋友们大概看我太可怜，没有人叫我闭嘴，也没有人避不见面，只把我的抱怨当笑话听听，要我别想太多。更要感谢的是那时和我交往过的女朋友，也没有因此而跟我分手。其实说不定有，我可能太粗心而不知道。唉！这样说来，那些坏小孩搞不好把我的终身大事都耽误了。

另一群
难缠的小孩

当个 ESL 老师，我的职责当然是教导来自移民家庭的小孩。在这些 ESL 学生里，西语裔以压倒性优势占多数，剩余的大多是非洲裔和南亚裔，三年来我只教过 3 个分别来自捷克、阿塞拜疆和俄罗斯的欧洲学生。

由于我也得参与普通生课程的教学，不免要和美国的白人和黑人小孩打交道。尽管好莱坞校园电影中的学生角色很多是刻板印象，我仍是抱着戒备、恐惧的态度面对这些主流美国学生。

不少黑人学生（尤其是女孩子）嗓门特大，不管是在课堂上还是下课后，总喜欢用超大音量吸引大家的目光，部分学生嚣张无礼的态度，则实在让人不敢领教。他们遵从指令的能力非常差，或者应该说他们非常讨厌被告知该做什么，你要是不顺他们的意，马上给你好看。他们若是在课堂上做了什么不该做的事而被指正，一定会马上否认，统统推得一干二净。

而且黑人学生超会用的另一招是，说你种族歧视或故意找他们麻烦。某天跟我合作的数学老师请假，两个黑人女生便联手欺负我这"菜鸟"。她们先是无理地要求我立刻让她们去厕所和放置物柜的地方，然后大声叫嚣，说我故意不让她们去，还鼓动其他同学不要听我的话，不停地威胁我要回去向父母告状。还有学生故意向我发出"吭呛吭呛"的怪声来嘲笑中文，在美国，这可是被视为极度种族歧视的行为，他们不但不觉得有错，还怪我小题大做。总归一句，他们要怎么嘲笑别人都行，别人绝对不能指正他们，否则就是看不起他们，故意找他们的麻烦。

并不是所有黑人学生都像上述那般野蛮，安分守己、勤学上进的不在少数，绝对不能一竿子打翻一船人。然而只占全校学生近四分之一的黑人和西语裔一样，总是占停课处分和勒令退学的绝大多数名额，给人不好的印象。

他们当然不是生来就爱使坏，成长环境不佳和家庭教育偏差通常是造成行为问题的关键。我往往想到这里，气也就消了一半，可是每当有学生挑衅，我却还是忍不住抓狂。唉，跟他们一比，我的 ESL 学生有时候还是挺可爱的！

一般来说，白人小孩的态度比较好，但不代表他们就不会乱来，只不过他们捣乱的技巧高超一点。

我碰到过几个白人学生，让人恨得牙痒痒的。他们不会当着你的面用粗话骂你，因为他们很清楚这样容易被抓住把柄，成为处分的依据，所以他们喜欢玩阴的。他们有些在上资优班，便一副不可一世的样子，小小年纪便以为自己前途无量，处处爱耍小聪明，我不管说什么，他们总有古怪的意见。

他们有时咯咯笑，有时窃窃私语，不然放个"马后炮"，让人不胜其扰，还好这些学生的父母比较支持老师，接到老师的电话后会立即处置，想办法矫正小孩的行为。不过我可不愿意专职去教白人小孩，因为白人父母社会经济地位普遍较高反而难缠。他们往往以为自己懂得多而喜欢干涉老师的教学方法和内容，孩子若成绩差，就怪评分不公或评量方式不对，就是不愿承认自己的孩子懒惰或资质不好。

至于亚裔学生，我接触得不多，教过的几个都很乖巧，无可挑剔，然而有些现象是值得教育界和亚裔父母关心探讨的。

去年美国东岸华府附近一所亚裔学生众多的明星高中传出数起亚裔学生作弊事件，校长在家长会中提起，遭到亚裔家长抗议，他们认为校长将作弊和亚裔学生划上等号。这位声望不错的校长一再解释他的评论是无心之过才平息众怒。

同一时间，《华尔街日报》报道了西岸加州的一个教育怪现象，一所位于硅谷附近的明星高中由于亚裔学生比例节节升高，导致一些白人父母将子女转去私立学校或其他公立高中就读。原因很简单，他们觉得亚裔父母太重视学科成绩了。每当他们的孩子在放学后参加校队练习和其他体育活动时，亚裔学生大都准备去上课后辅导，而且很多亚裔学生才上高中就先修了不少大学程度的课，让一些原本以为自己程度不错的白人小孩大受打击，连平均"B"的成绩都排到班上倒数几名，对申请大学极为不利。

这两个事件让人不禁要问：亚裔父母是否给小孩太多的压

力？许多亚裔父母竭尽所能移民美国、加拿大就是要给儿女一个"五育"并重的良好教育环境，可是有些人却把祖国的习惯一并带过来，严厉要求小孩科科要拿 A，非名校不念。父母的督促和关心当然无可厚非，这样重视教育的传统价值观，让亚裔在各行各业出类拔萃，成为模范移民，然而，当孩子被逼得去作弊甚至自杀时，父母也难辞其咎。

自 1996 年以来，常春藤盟校康奈尔大学共有 21 名学生自杀，其中亚裔就占了 13 人，而该校亚裔学生只占 14%。去年华府近郊马里兰州也曾发生亚裔（印度裔）高中生因压力太大而自杀的事件，吓坏了不少家长和老师。这些悲剧其实都是可以避免的。

我还没有为人父母，也不在美国长大，只是依我的观察，亚裔青少年在美国似乎承受着不小的压力。他们一方面要在白人社会中努力念书，出人头地，另一方面又极欲摆脱亚洲人是书呆子的刻板印象，实在是很辛苦。

可怜还是可悲

教到那么多不肯受教、不听话、不识相的学生，还要每天被他们精神虐待，常听我抱怨的朋友都忍不住问我干吗这么犯贱，要继续在这个鬼地方受苦，还不赶快滚回台湾。

其实教完第一年就可转校，但是这所学校离家近，上下班方便，更重要的是，我是个脸皮薄又爱面子的人，很怕被别人说我一事无成便逃跑，只好决定再撑一年，看看有没有机会报仇，啊⋯⋯不是啦，我是说看看有没有机会教到好学生。

教到什么样的学生当然不是我能决定的，然而那时我对工作环境已较为熟悉，不像一年前事事都要摸索，便有较多时间去了解学生和他们的背景。我的发现让人既震惊又无奈，但却帮助我认识到老师这个角色的重要性。

我的西语裔学生绝大多数是墨西哥和萨尔瓦多移民，还有一些来自于洪都拉斯、危地马拉、尼加拉瓜等中美洲国家。不管是合法还是非法来到美国，他们的父母几乎都没受过什么教育，也不会说英文。

　　由于缺乏一技之长，这些移民能找到的都是些以体力劳动为主的工作。目前美国境内西语裔人口众多，是白人以下第二大族裔，因此美国的劳动力密集型工作几乎统统被他们包了，举凡建筑工、看护工、洗碗工、清洁工、农作物采收、肉品加工等，都可以看到西语裔的贡献。我的学校靠近都会区，所以 ESL 学生的家长大多从事建筑和清洁工作。

　　即使工作卑微，他们也都非常感谢有机会离开穷困的祖国，来到遍地黄金的新大陆。就算再苦再累，他们也乐观地向前看，希望靠着双手养活一家子。然而父母长时间上班，有时甚至兼两份工作，不熟悉美国文化，语言不通，小孩又生得多，对子女的教育影响不小。

　　每当我要求西语裔学生参加课后辅导或补考时，他们多以必须回家照顾弟妹为由逃避，但也碰到过老是要参加课后辅导却跟同学嬉戏胡闹，完全没有好好利用这段时间加强课业的学生，原来是因为父母都要很晚才下班，他宁愿留在学校瞎混也不想无聊地一个人在家。

　　辛苦的父母亲拖着疲惫的身子回家后很难有精力管小孩的课业，就算有心也没有能力，于是孩子往往成绩很差，还在学校学了一大堆坏习惯。上课爱讲话、不听话、不写作业、不念书还算事小，有的学生最后却加入帮派，误入歧途。目前美国排前几名的大帮派里有好几个以西语裔为主，他们在加州洛杉矶等西语裔人口集中的地方发迹，随着西语裔移民快速扩张至美国东部及南部各地，这些帮派的势力也随之扩大。

帮派分子利用年轻人缺乏家庭温暖和想要寻求认同的弱点，利诱他们加入，从事暴力活动，对治安影响不小。我的学生年纪尚小，还不到正式加入帮派的阶段，但有人已经开始向往帮派生活，在外和帮派分子交友，来学校时一身黑衣，单手戴着黑手套跟同学要流氓，甚至在课桌椅和布告栏上写下帮派名称的缩写。我还是"菜鸟"的时候还天真地以为那几个英文字母是某个歌唱团体的名称呢！

每当学生犯错或不用功而必须请家长来学校解决时，总是看到家长愁眉苦脸，不知如何是好。通过翻译，他们诉说着超时工作的辛苦和无奈。他们希望孩子能够听话、懂事，不要给他们忙碌的生活增添更多麻烦，却不知道怎样才能让正值青春期的孩子体会父母亲的难处。

和家长沟通的过程中，我渐渐了解了学生的处境和他们使坏的原因。有些学生的家庭环境还真不是普通的糟，也难怪他们的行为会有偏差。

这些学生的家庭状况糟到什么样的程度呢？艾瑞卡离了婚的母亲兼两份工作，每周7天在餐厅洗盘子、打杂养活3个小孩，全年无休。这些还不算什么，好几个学生的母亲不但和男人同居，男友还频繁更换，甚至有做父亲的离家跟女友同居，母亲不知去向，学生只好跟高中没念完就去盖房子的哥哥相依为命。

双亲都在的家庭不见得能给小孩一个健康的环境。经济状况普遍不佳的西语裔常常为了省钱和亲戚同住，更穷的干脆就租张床或租个车库为家，所以一所有三个房间的小屋子挤 8～10 个人并不稀奇。这种极为普遍的现象常引来邻居的抱怨，认为这些人破坏了邻里安宁，也违反公共安全。

当小孩放学回到家，一屋子的人不是在听音乐、看电视，就是在炒菜、聊天，根本不可能专心写作业或看书。课业上有问题也无人能够解答，因为屋里的人可能都只有小学文化水平，连母语西班牙文的读写都有困难。

另一个让老师们深感挫败的难题便是提升 ESL 学生原本就低得离谱的学科程度。大部分刚移民（或偷渡）过来的学生完全跟不上进度，不禁怀疑他们祖国的教育品质有没有人在把关。

很常见的一个情况便是他们不会做基本的两位数加减法，更不要说乘法和除法了。把数线上的 2 和 3 之间十等分，还有些学生能读出数字像是 2.3 或 2.6，若五等分，就几乎没人知道发生了什么事。他们也缺乏许多基本常识，有人以为伦敦在法国，更多人不知道自己身在几世纪。

他们对数学的概念常离谱到令人触目惊心，很担心以后他们要怎么自己生活。一件 60 元的夹克打 8 折后加 5% 的税，要付多少钱才买得到？九成以上的 ESL 学生毫无概念。好不容易教会了，两星期后又忘光了，教几次都一样，诈骗集团找他们下手应该很容易弄到钱吧！

他们语言方面也没好到哪里去。大部分学生的英文乍听之下

好像没问题，流利程度不输给非移民，仔细一听就不时会有
"She don't want⋯" 或 "I didn't went to⋯" 之类的句子出现。英
文书写更是惨不忍睹，不少人英文学了好几年仍不记得要标句号
或问号，think 和 thing 不会分，because 和 important 这类常用的
词拼错⋯⋯

学习态度不佳和程度低下立刻反映在一年一度的学习成果评
量上，本州和邻州的各年级西语裔学生在英文、数学、社会、自
然科的及格率都落后亚裔和白人 10～15 个百分比以上，只比黑
人略高一些。

成绩不好让他们的学习意愿更为低落，两者恶性循环，导致
西语裔学生辍学率偏高。以西语裔大本营加州洛杉矶为例，高中
辍学率高达 39%。也就是说进了高中以后，有近 4 成的西语裔学
生拿不到毕业证书。放眼全国，也只有 57% 的西语裔有高中学
历，11% 大学毕业。2004～2005 年间，美国新生儿里每两个就
有一个是西语裔，美国的未来就靠他们了。要怎样栽培这样的下
一代可让教育单位伤透脑筋。

看到这些移民家庭的辛苦挣扎，我不禁觉得自己幸福极了。
我没有能够撒钱送我去常春藤盟校的父母，但他们尽全力让我了
解受教育的可贵。台湾并不完美，政治纷扰不休，但至少我们还
不用为了混口饭吃而跑去美国低声下气。

跟这些中南美移民比起来，非洲来的学生才真是惨到家。他
们大都经历过自己国家的内战，动荡不安的情势重创了当地的教

育品质，许多小孩根本没学校可上，生长在这些号称以英语为官方语言的国家，大部分孩子连 his 和 want 都会拼错。

一点一滴地了解了移民学生的处境后，我学会用不同的角度看问题。以前老是被学生气得脸红脖子粗，大骂他们不懂礼义廉耻，现在我才知道他们还真是不懂这些，跟他们大吵大闹只是白费力气。

我开始变得比较有耐心，并从学生的角度去了解他们的行为。我也渐渐发现不少学生天资聪颖，深具潜力。他们就像待琢磨的璞玉，需要有人指引正确的方向，教导正确的读书方式和习惯。

在这些孩子家里，可能尚未有人念过高中，更不会有人告诉他们上大学是盖房子之外的另一个选择。老师的鼓励和启发可能将孩子带往一条不同的路。我没有能耐改变学生的人生，然而我自己的改变似乎让几个我认为无药可救的学生接纳了我。

美国公立学校之其他怪现状

台湾的娱乐新闻常会创造出新词汇来形容女明星夸张的服装和放荡的行为，诸如"爆乳装"、"激凸装"、"股沟妹"、"波霸"等等。媒体形容的那些景象在我的生活里天天上演，请先不要羡慕我，我可无福消受，对我来说这都是可怕的视觉污染。

美国女孩子的好身材众所周知，小小年纪就发育完全，该有的都有，尺寸更是大到吓人。身材好归好，然而很多女孩子穿衣服毫无分寸，反而让人厌恶反感。

身材较为突出的黑人和西语裔女生，通常最能将"时尚"发挥得淋漓尽致。除了暴露，不少黑人女生偏好夸张的颜色，喜欢有亮片的衣服和鞋子，毛茸茸的外套或皮靴，配着大耳环，每天幻想自己是嘻哈天后，不时在那儿扭腰摆臀，又唱又跳。恼人的是她们那破锣嗓唱起歌来五音不全，又没有开关可以把那些噪音关掉。

西语裔女孩几乎都将一头又黑又直的长发往后扎成马尾，很少有人留短发。她们最爱的颜色是黑色与白色，一件黑色（或白色）低胸 T 恤加超紧身牛仔裤是她们的标准打扮。值得一提的是西语裔女孩子偏好的超大 size 的圆形耳环，大到比整个耳朵还大，让人感觉 20 世纪 80 年代又回来了。

女学生对外表在意的程度简直匪夷所思。有人上课时经常拿出镜子东照西照，补妆、画眼线，或是拿出瓶瓶罐罐左涂右抹，说她们一下她们立刻摆出臭脸。老实说，我觉得这些超龄打扮一点都不美，品味低俗到家，这种次文化不但摆不上台面，更糟蹋了这些女孩美好的青春。

我忍不住想问，是哪种父母亲让自己的女儿穿得像是去特种行业上班，而不是去上学？她们大多来自经济弱势的家庭，却总有钱挥霍在不伦不类的衣饰上，甚至没事花个 30 块美金去彩绘指甲，这些父母的价值观是怎样的？她们毕竟只是十三四岁的小孩子啊！

女生有女生的 style，男生也不含糊，会费心地将自己打造成时尚"型男"，只不过他们对"型男"的定义跟你我的认知大不相同。怎样变成"型男"？"宽大 T 恤＋宽松长裤＋球鞋"准没错，裤子最好挂在屁股上，露出一截内裤，这样最炫！什么？不知我在说啥？把嘻哈音乐录像带拿出来复习一下吧！黑人和西语裔男生在服装品味上臭味相投，凡事喜好大号，连脖子上挂的假金项链也越粗越好。

西语裔男生和女生一样，对发型也非常讲究，有他们自己一套流行的标准。最经典的发型是把整瓶发胶倒在半长不短的直发上，用梳子整个往后一梳便大功告成，保证几丈以外就能看见那油油亮亮的黑发，有时不仔细看还以为是一星期没洗头的结果。这些男生的爱美程度不输女生，随身带着梳子，电视屏幕和窗户都能当镜子用，就为了确保自己永远以最俊俏的外表出现在女孩眼前。

学校里面还有一群女生的造型也很受瞩目，那就是戴着头巾的回教徒。除了头巾以外，她们的服饰跟其他学生没有显著的不同，只是保守了许多。在一些特定的宗教节日，她们还会穿上带有中东或印度风格的传统服饰，为大家免费上一堂文化课。

或许是因为文化差异吧！或许是受中国传统观念影响，也或许是我真的落伍了，我一向认为学生就要有学生的样，花太多心思在外表上对学业绝对有负面影响。看看那些学生就知道了，他们中许多人漂亮得不输给电影明星，美中不足的是气质极差，脑袋空空，连当个花瓶的资格都没有。

中国人说："女为悦己者容"，这句话用在这群学生身上刚刚好。女学生花尽心思打扮不只为炫耀，更为吸引异性注意。早熟的她们三句话不离男孩子，男生们就更不用说了，满脑子想的都是"把马子"，尤其对某些讲究男子气概的文化来说，小小年纪就知道如何展现男性特质，并懂得讨女孩欢心，是既重要又值得骄傲的事。

于是，许多超龄行为不断地惊吓到我这个没见过世面的台湾

"土包子"。小男生小女生手牵手算什么，搂搂抱抱才够酷。想当初我在上"国中"的时候，哪里有学生敢随便碰异性，没想到世界上竟有中学生如此热情开放，没事就把手揽在女同学腰上，一时兴起便整个人扑上去，把学校当成自己的家。是他们太早熟还是我发育迟缓？大概都有一点吧！

虽然说许多早熟的妙龄少女条件傲人，有些身材竟已经开始走样了，肚子上的肥油多到可以当救生圈，至于还没发福的大多会在20岁前开始暴肥。是什么原因让这些女孩小小年纪就染上美国最猖狂的传染病？不用问医生啦，爱吃却不爱动，想不肥都难。

我们常觉得中国人爱吃，又说"民以食为天"，其实美国人才是最好吃的，而且坏习惯从小就养成了。尽管学校三令五申上课不准吃东西，有些学生就偏要吃，一副不吃马上会死的样子，饼干、薯片、糖果之类的零食是他们的最爱。

另一个课堂圣品是口香糖，其重要性不亚于空气、阳光和水。食物可以不吃，口香糖绝对不能不嚼。刚开始我很不习惯看到学生上课态度如此轻佻，便明令禁止他们嚼口香糖。我后来学乖了，干脆假装没看见，至少我能专心试着把课上完。某日下课后，我伸起双臂，仰着头，正想舒展筋骨，赫然发现大大小小至少20块口香糖粘在天花板上。这群不知好歹的小鬼竟然趁我不注意的时候用橡皮筋将吃过的口香糖射到天花板上，如此恶劣的行为让人既生气又痛心。这些学生大多学业不好，成绩欠佳，没想到他们连生活教育都如此欠缺，像是从来没听过"公德心"

为何物。

乱弹口香糖只是没公德心的一个例子，他们出了教室后更糟：厕所里经常满地卫生纸，图书室里的书被翻得一团乱，走廊和厕所墙壁上被画上不堪入目的涂鸦或字眼……这些小孩哪会在乎？反正地不是他们打扫，厕所不是他们收拾，倒霉的是纳税人花钱请来的工人。

看着凌乱的课桌椅和一地的垃圾，我决定对学生晓以大义，好好规劝一番。"你们听清楚！"我说："你们的父母很多都从事清洁工作，就像这些清理室的工人叔叔阿姨，非常辛苦，你难道希望你们父母工作的时候碰到一群没心没肺的家伙，故意让他们没办法早点回家陪家人吗？"这招只管用了一阵子，他们又故态复萌，没救了。

几年前刚开始在这所学校教书时，我跟一位男老师一起教八年级自然。他教学认真，上起课来有条不紊，学生大都很听话，让我也觉得如沐春风，不仅跟他学授课技巧，还温习丢掉已久的理化。我唯一不能理解的是当学生不停讲话，不守规矩时，他总会说"'请'转过头来……'请'不要再说话了！'请'不要跟旁边的同学玩，快抄笔记……"若学生照做了，他还不忘记说："谢谢"。

成何体统？我们当老师的不但要主动跟学生问好、打招呼，竟还得"请"他们不要捣乱，"谢谢"他们做本来就该做的事，美国人在想什么？后来我发现很多老师都这样，这是另一个我无法理解的怪现象。想当初自己是"国中"生的时候，老师高高在上，权威即是一切，老师就算摔考卷、狂骂学生，我们也不敢在老师面前吭一声。

我并没有天真到以为美国学生会像我自己当年那般温顺，我也知道台湾学生已渐渐"迎头赶上"，行为越来越嚣张，但是要我跟学生低声下气，我实在办不到。不过很快我就明白了这根本由不得我。

疯狂英文教室

Lesson 5

detention, suspension, and expulsion

美国小孩命好，不能打不能骂，体罚（corporal punishment）万万不可，否则要你吃不完兜着走！那学校对不守规矩、惹是生非的学生该怎么办？最常见的处罚有以下几种。

情节较轻者：detention（留校）

放学后不准回家，留校由专人监督一段时间，不准讲话和玩乐，有时在午餐时间实施。

Eric got after school detention for being disrespectful to his teacher.

Eric 因为对老师不敬被处罚留校。

情节较重者：suspension，动词为 suspend（停学）

这最没效果了，不准来上学的学生在家还不是看电视、睡觉、吃零食，或出门闲逛，根本没达到处罚效果！

David and Simon were both suspended for ten days after they jumped a student in the bathroom.

David 和 Simon 因为在厕所里打人被处罚十天不准上学。

重大违规：expulsion，动词为 expel（退学）

Zack was expelled after knives were found in his locker.

Zack 被发现在置物柜里藏刀子后就被退学了。

春风化雨

虽然说不少学生成天做些欠骂的事，仍有很多学生很守本分，上课铃响便乖乖进教室坐好，大部分时间静静地在位子上努力完成老师吩咐的事情。或许是我被整得太惨，一些心地善良的学生挺同情我的。他们会在我发牢骚时为我打气，或不时写个小卡片感谢我的辛苦，让我觉得这个国家可能还有救。

但是这里毕竟是美国，不可能要求他们都很自爱地从头到尾不乱说话，有些习惯大声聊天的学生，总会忍不住开始叽里呱啦。其实只要不是讲个不停或口出秽言，我就让他们轻松一下，甚至加入他们的对话，即使有时弄得我啼笑皆非，却也拉近了师生间的距离和感情。

学生最喜欢问我周末做了什么，有的女生则是对我品头论足，从眼镜到衣服鞋子她们都有意见，若觉得我穿得好看，她们绝不吝于赞美。不过说真的，这群小朋友的"时尚"品味仍然很幼稚，他们的意见我还是听听就好，否则我不用再出门见人了。知道他们很在意自己的外表，我也会时常称赞他们的新发型、新衣服、新鞋子，让他们开心，少给我添一些麻烦。

最窝心的就是少数学生很会察言观色，看到老师不太开心，他们会问："你今天怎么了？"我若是看起来异常兴奋，他们也会一起高兴。比较伤脑筋的是这些学生虽然乖，但大部分并不太把课业当回事，总是抱着交差了事的态度，因此那些用功型的学生往往令老师印象深刻。

南亚国家如印度、巴基斯坦、孟加拉等国，虽然贫穷，其人民对教育的重视程度不亚于华人，对医生、律师这类行业更是高度崇敬，因此美国南亚裔的医生比例极高，很多年轻人即使志不在此，也不敢违背父母的期望，只为了光耀门楣。这从我从某些学生身上轻易地就能看出来，每当问到志愿，亚裔学生大多毫不考虑便说："我要当医生""我要当律师""我要上哈佛"。"唉，我年纪小不懂事……"我不禁想："你们知道达到这样的目标有多难吗？"当然他们之中只有少数几个有一天会真的成为医生或律师，但我相信以他们积极的态度和对课业的专注，不管将来选择什么样的领域都会成功。

反观西语裔学生很少想到未来，志愿通常不脱离踢足球、盖房子、当美发师、生小孩……但是他们中仍然有好些令人刮目相看的例子，比如洁西卡和阿图罗。

从不穿低胸紧身衣，不露股沟和乳沟，洁西卡每天穿长裙来上学，手中总是抱着书，甜美的气质和走廊上其他聒噪妖艳的女同学相比显得格格不入。不像大多数崇尚嘻哈文化、爱穿松垮裤子和超大 T 恤的西语裔男生，阿图罗总是衬衫搭配合身的牛仔裤或西装裤，脸上挂着自信的微笑。他们俩进教室前一定先跟老师问好，成绩永远名列前茅，有不懂的马上问老师，得到答案后立刻去帮助不会的同学。这样人见人爱的学生简直像是外星球来的怪物，我有时怀疑他们是机器人。

如此的榜样对白人和亚裔学生来说并不稀奇，但西语裔学生大多家境贫困，他们除了要学历史、自然、几何、代数，还得同时把英文学好，适应不同的文化。能够这样自我砥砺，真的很难能可贵，希望越来越多的学生能看到他们的努力，进而效法、学习。

奇妙的是还有几个我从来没教过的美国学生总对我出奇地友善。

例如一个在美国长大的回教学生每天都会亲切地跟我打招呼。刚开始我傻傻地不知道这学生是男是女，因为她头上包着女性回教徒用的头巾，个性却外向得像个男孩，加上牛仔裤和球鞋，让我怀疑了好久。有一天她跑来找我聊天，我才发现原来她对亚洲人的好感来自于日本漫画，每科都拿 A 的她立志要到日本学习日语。我不是日本人，学过 3 年的日文也已经统统还给了老师，她因为我是亚洲人而对我友好实在让我有点受宠若惊。

还有一个女生每次经过我的教室就大喊："阿甘老师好！"我一直很好奇，她明明不认识我，为何要特别向我问好？不管怎样，她总比那几个大叫我的名字只为了嘲笑我中文名字的家伙可爱多了。

那时有个叫安东尼的西语裔学生，谦和有礼，努力上进，英文进步神速。为了不让他被坏同学牵累，我即使不舍仍在他通过考试前将他转去高级班。安东尼果然没有辜负我的期望，在高级班表现出色。虽然他不再是我的学生，但他每次经过我教室前一定停下来向我问好，看看我最近过得如何。这么聪明成熟的孩子真叫人舒心。

荷西是个学年中转来的二年级学生，他那凶神恶煞的外表让我想起尼尔森。才来班上报到，荷西就想给我个下马威，让我瞧瞧谁是老大。我几次忍住没对他发火，并把他找来聊天，让他了解我只想把教学的工作做好，无意成为他的敌人。荷西并没有从此奋发向上，乖巧听话，他仍然常在课堂上调皮捣蛋，但是他没有再找过我的麻烦，反而把我当他哥儿们，没事就教我怎么追女孩子。

学年快结束时，副校长带荷西去法院为一个刑事案作证，隔天副校长特地告诉我，荷西在车上跟她说，他最喜欢的老师是阿甘。这是真的吗？我因为这句话乐了好几天呢！

荷西所属的那个班级几乎都是男生，只有一个女孩子，刚接那班时原本以为自己死定了，没想到他们后来成为我最心爱的一群学生。我每天满心欢喜地上他们班的课，开始享受起教书的乐趣，隔年他们大都升到高级班，其中几个学生还不时回来叙旧，聊聊过往的趣事。后来一位同事跟我分享某个学生的作文，文中提到以前在我班上所学到的知识，还说阿甘是他最喜欢的老师。

即便只是少数学生的鼓励和肯定，也让我觉得一切的辛苦和委屈都值得了。我还不是一个成功的老师，没有学生因我而功成名就或浪子回头，但至少我找到了方法，也更认清了自己。

我也要去美利坚当老师

不少人听了我的故事后"心生羡慕",向往起在异国春风化雨的日子,频频打探如何才能有机会到美国教书。唉,这要从何回答起呢?

美国各州对教师资格的要求不一样,但大同小异,基本上就是要有学位,学过特定的课程,通过审定才能拿到教师证。虽然相关规定繁琐,问题却不是找不找得到工作,是否已做好心理准备才是重点啊!想在美国公立学校生存,以下条件必须具备:

一、心脏要特强

很多你这辈子没见过的怪异言行和惊世骇俗的造型都不时会在美国公立学校中出现,挑战你的视觉和听觉的极限。当学生在你面前互殴,甚至打到血溅五尺时,你还得强作镇定,保持优雅,千万不可惊声尖叫,惊慌失措。

二、脸皮要特厚

身为亚洲人，你注定要被学生嘲弄，特别是被那些最讨厌被歧视，却最会给别人扣帽子的学生。他们嘲笑你的名字，你的长相，你的一举一动，还不觉得有任何不对。不爽也好，难过也好，你都要从容不迫地继续完成眼前的事情，绝对不能失控，不能露出脆弱的一面，以免让他们食髓知味。

三、当个机器人

并不是说要你像机器人一样不知道累，基本上这里上下班正常，不会叫你留下来跟学生的晚自习（这种鬼东西在这里并不存在），但是你最好要像机器人一样没有任何情绪。若你太高兴，学生马上会骑到你头上；若是你凶巴巴，学生觉得你不尊重他们；当你沮丧无奈时，学生便会乘胜追击。现在就开始站在镜子前多多练习怎么摆张"扑克脸"吧！

四、选择性失忆

很多美国学校的混乱现象由来已久，你不可能以一己之力改变现状，更无法改变自己的外貌，或练就随时面露凶光的能力。所以呢，记忆力不需要太好，很多事情发生就发生了，赶快忘记最好。像我这样把学生干过的坏事一笔笔记下来是不健康的，切勿尝试模仿，若造成任何后遗症或心理障碍，恕不负责。

若你具备以上条件，恭喜你已成功了一半，接下来要确定的是你是否准备好面对以下三种最难缠的学生。

一、八婆型

这种类型学生大部分是女孩子。她们每天浓妆艳抹，打扮得花枝招展，从踏进教室那一刹那就开始东家长西家短，几乎没有停止的一刻，你不禁怀疑她们身上是否装着电池。她们除了吃东西，打扮自己和七嘴八舌外，几乎缺乏任何其他能力。

二、油嘴滑舌型

他们不觉得学生的责任是听从师长的指示，不管你说什么他们都有意见，不管他们做错什么，永远也不会承认。他们唯一擅长的技能是吵架，你越要他们住嘴，他们吵得越带劲，因此千万记住，即使你曾是辩论比赛冠军，也别跟他们吵，因为你绝不会有胜算的。

三、凶神恶煞型

这种我就不用多介绍了，世界各地都有，这些学生以打架闹事为乐，唯一要小心的是别为了到美国当老师而盲目地跑去贫民窟教书，那里的学生可是会带刀带枪上学的。

有些人会想，既然学生的态度、行为跟家境有直接的关系，那我去有钱人住的地方好了，教他们的小孩应该简单多了吧！有时候有钱的家长眼睛长在头顶上，自以为是，对老师百般刁难，没事就用 E-mail 或电话轰炸，问的净是些芝麻绿豆的小事。他们的小孩还可能是被溺爱过度的小皇帝、小皇后，不好对付着呢！

基本上美国人种复杂，文化多元，小孩的成长环境和过程不是你我能想象的，很多我们视为理所当然的观念他们可能一辈子也没听过。当他们的老师不但要传授知识，往往还要兼心理医生、社工，甚至保姆的角色。

耳闻现在台湾学生也愈来愈难对付，夫子个个叫苦连天，看来教学工作在哪里都不简单，会选择教育为职志的人应早有此认识。克服这些挑战没有快捷方式，"爱心"和"耐心"才是胜任教职的关键，我还在努力中。

第四辑
在美式教育的
"大熔炉" 里

美国
财大气粗

说了美国学校那么多坏话，把他们讲得好像一无是处有欠公平，我就来说说比较正面的事吧！

别以为我教了一群三头六臂的恐怖学生，这个学校就一定很烂，别忘了我们学校还有一大半学生家境优裕，成绩优异，不少就住在学校附近那些豪宅大院里。这类学生的父母钱赚得多，税也缴得多，让本学区成为美国一等一的明星学区。

美国公立学校的主要经济来源来自联邦政府和州政府，对于穷人（通常是少数族裔）较多的学区，联邦政府相对资助较多，然而地方政府的税收多寡更直接影响着公立学校的预算。

我还记得一年一度的"Career Day"当天，学校请了一些家长来跟学生分享各种职业的要求和甘苦。在我理化课上分享的3位家长中，一位是毕业于柏克莱法学院的高材生、现任联邦政府的高级法务主管；一位是某私人集团的副总裁；还有一位妈妈是附近某国际机场的发言人，常常在电视新闻中亮相。我所在学区里比这种等级更高的政客或企业家比比皆是。他们的经济贡献

大，对小孩的教育极度重视，我们会成为明星学区也就不足为
奇了。

　　这群有钱人的购买力和本地繁荣的经济创造了对廉价劳力的
需求，像建筑工人、帮佣等，于是大量低技术含量、不会英语的
移民涌入，我的学生里有一部分就是他们的小孩。当然学校里还
有一部分家境不好，但不属于移民的学生。

　　有钱好办事！雄厚的财力对老师和学生有什么直接的影响
呢？以本校为例，每位老师的基本配备包括一台台式计算机，一
台打印机，一部电话机。若觉得下班后太无聊想在家办公，可带
一部手提电脑回家（谁管你拿它来干什么），不管是点名、打成
绩、给评语，一切在网上进行，没有用手填写成绩或评语这类石
器时代的行为。

　　一切老师需要的文具，举凡各类笔、涂改液、回形针、活页
夹、记事本，其他桌上用品等等，统统可以经由学校订购，不花
老师一毛钱。

　　学生就更爽了，一切都由学校为他们准备得好好的。没钱买
计算器？没关系，学校有；不知去哪里买图画纸和彩色笔？没问
题，学校供应；"不记得"要带笔和尺来上学？不用怕，"山姆
大叔"给你。

　　于是一天到晚有一堆空手来上学的人，甚至连笔都不带。学
校虽然钱多，也不能让学生每天来要笔，许多老师便规定学生拿
个人物品来换，下课前归还。其他你能想到的东西，像剪刀、胶

水、彩色纸、实验课需要的毛毛虫、植物等各种材料完全不用家长操心，连厕所里的卫生纸也可以无限享用。

此外，美国中学的课本都在比大、比精美，内容多插图更多，往往比大学课本还要重，价格自然不便宜。好在学生都不用买书，只要在学年结束前把书缴回即可，可以省下一大笔买书的钱，而同样一批书会给下一届学生继续使用，过两年才会淘汰，这种做法颇值得台湾的学校参考。

丰富的教学资源让老师在教学上更有弹性，选择更多。每间教室配有一台电视，一部 DVD 放映机和一部投影仪。需要用计算机时可以带着全班学生去计算机教室，也可以把计算机教室搬过来，意即在一般教室让学生一人一台手提电脑无线上网。

除了上述基本配备，还有一些新奇有趣的玩意儿，Smart Board 便是其中之一。Smart Board 长得像一般的白板，但是功用大不相同。老师将计算机屏幕投射在 Smart Board 上面，便能够以手指触碰 Smart Board 执行所有计算机的功能，完全不需要用鼠标。

另一个新玩意儿叫 School Pad。将计算机屏幕或网页投射到一般的白板上后，学生或老师可以在教室里的任何一个角落，用一支特制笔在这特制的面板上点选功能或书写作画，无线控制白板上的影像。

我很怀疑这些昂贵的玩具对学习有多少助益，没有基本功，再多高科技也是枉然，不过能让学生住嘴一会儿倒也挺好。

老师经常要制作讲义，补充课本以外的资料，出考题等等，因此影印是每天都不可少的工作。在本校，不管要印多少份，需要多少纸张都不成问题。当我想带全班学生念故事书或其他课外读物时，一封 E-mail 到学区的图书中心告知所需数量，两天内保证送达。

一个同事为了爱人辞掉这里的工作，大老远搬去别的州教书，突然间买什么都受限制，连纸张都得省着用，才发觉原来以前在这里被宠坏了。

虽然不是每个学区都像咱们油水这么多，在美国当学生仍是件非常幸福的事，家长根本花不了什么钱。就算惨到山穷水尽也不用怕，政府保证你的小孩每天早、午餐吃得饱饱的（虽然大部分是会让人发胖的垃圾食物），还全额补助所有活动费用，所以上学念书绝对是个稳赚不赔的投资。可能是这些福利得来太容易，很多人一点都不珍惜呢！

Lesson 6

Please excuse my dear aunt Sally?

大家念书时都有背口诀的经验，美国也有一些朗朗上口的口诀来帮学生记忆。最广为流传的就是这个：

Please excuse my dear aunt Sally.

"请原谅我亲爱的莎莉姑姑"，到底是啥意思？

这 6 个词的第一个字母分别是 P、E、M、D、A、S，代表的是：P，括号（Parenthesis）；E，次方（Exponent）；M，乘（Multiply）；D，除（Divide）；A，加（Add）；S，减（Subtract）。就是先乘除后加减。

再来猜猜这句：King Henry Died By Drinking Chocolate Milk.

"亨利国王死于喝巧克力牛奶"是啥意思？

K、H、D、B、D、C、M 分别代表 Kilo、Hecta、Deca、Base、Deci、Centi、Milli，用来帮助习惯英制单位的美国学生熟记公制单位中十进制的关系。

最后来看看 Roy G Biv，是谁的名字呢？

Roy G Biv 就是 Red、Orange、Yellow、Green、Blue、Indigo、Violet，即红橙黄绿蓝靛紫。

美式教育
——师资篇

很多人可能猜想，美国学校除了财力雄厚，大概没其他优点了吧（如果钱太多算优点的话）！看了美国学生乖张的行为和低下的学习成果，的确会让人感觉这个国家快要完蛋，并开始幻想着中国人主宰世界的美梦。先别急！在我看来，美国还要强盛好些年呢！原因之一是烂学生虽满坑满谷，好学生却还是不少，而美国的强大最主要得归功于它的教育理念和制度。

在一个好学区教几年书下来，美式教育真的让我这个从小被台湾教育蹂躏的人大开眼界，惊叹之余，不得不承认洋人在许多方面做得的确比我们好。

大部分台湾人对美式教育可能不太熟悉，但是看过好莱坞电影和电视剧的人大概都会有个相同的印象，那就是学生在课堂上的高度参与。

现实生活中也是这样，从小学到大学，老师都鼓励师生间及生生间的互动，学习永远不只是单向活动。学生从小就习惯举手提问，回答老师的问题或者上台发言，绝对不会有同学觉得你爱表现，不像很多台湾学生上了大学还不敢上台，发言时扭扭捏捏，不知所措。

此外，学生也从小就经常做分组讨论和分组报告，学习如何跟同学合作，也练习沟通的技巧。和同学头脑风暴的结果，往往会得到意想不到或让人拍案叫绝的发现。

要能让学习活泼有趣，帮助学生充分发挥潜能，接受刺激和挑战，灵魂人物当然是老师了。即使是美国人也不是生来就比台湾老师更知道怎么启发学生，因此适当及足够的训练是绝对必要的。

学区里很多老师都是拥有高学历的资深教育工作者，本校的6位ESL教师里4位有硕士学位，1位是博士，剩下那位也即将拿到硕士学位。尽管如此，每学年的年初和年中，所有老师都一定要参加学区办的讲习，接触最新的教学技巧和方法，平时也不定期有研讨让老师自由参加。

这些课程通常由有经验的老师带领，我曾不识相地担任过两次讲习课程的主讲人。面对同样是老师的听众，大部分还比我有经验得多，不免自曝其短，但对我来说，能以我的特殊成长背景和学区同仁分享经验仍是个难能可贵的学习机会。

学区还会不时邀请全国知名的教育训练专家亲临主讲，这些人都具备真才实学，说学逗唱样样行，总是让与会者满载而归。

我的教师证并不是终生有效，每5年得更新一次，5年内必须参加这些校内外的训练和讲习，"集满点数"才可参加"刮刮乐",哦,不是啦!"集满点数"教师证才能够更新。老实说不是所有的训练和讲习都办得很好,有时只是流于形式,去参加凑个"点数"而已,但是这样的规定仍然有它的价值,教师们年年都有机会温故知新,不致用同样老掉牙的教法混一辈子。

念研究生期间我虽写了一叠报告,读了一大堆理论,还有幸教大学部的课,但当时面对的是较成熟的大学生,不足以应付现实世界的残酷。接下这份全职工作正是幻灭的结束,成长的开始,这几年来的在职训练才真正帮助我胜任教学工作。

美式教育
——教学方法篇

参加过那么多讲习，接触过许多经验丰富的老师，美式理念和方法让我的教学观念焕然一新，对于台湾老师那套教法颇不以为然。

在台湾不管教什么科目，似乎只需要把内容解释清楚（会讲笑话尤佳），叫学生抄笔记，然后带着学生画重点。这时老师若能发挥通灵能力，准确预测出大考试题，必被校长、家长视为至宝。接下来便是不断地做练习，做测验卷，时不时来个小考。考得好有赏，考不好重罚，总之不管用什么手段，能让学生考高分的就一定是好老师，谁管学生到底学到了什么。

在美国的学校教书强调的就不是只有成绩了。举例来说，英文老师上课时绝对不会带全班了解课文、讲解作者的生平，然后要学生回家背注释和翻译，准备隔天小考。了解课文之余，美国的老师会运用各种阅读技巧引发学生的思考和讨论，例如如何分析一篇故事中的角色性格，如何将故事背景和现今社会或现实世界连结、比较，如何根据线索预测故事结果，如何将故事中的画面和情境用自己的话描绘出来等等，有时甚至要学生化身成故事中的角色写篇日记或独白。

以上活动绝对是经由全班讨论或小组合作来完成，而不是让学生独立完成，写标准答案或回家问家长。这些技巧不仅帮助阅读能力较差的学生更容易进入状态，也让所有的学生都能享受阅读的乐趣，进而培养读书的兴趣，而非只会啃教科书。

你能想象台湾的语文老师会这样教课文吗?

再以数学课来说，美国老师认为了解理论比算得"快、狠、准"重要。在教 5 +（-3）这类的问题时，老师先用两种不同颜色的小塑料片代表正与负，以消去法得到答案 2。同时每个学生拿着分配到的塑料片跟着老师一起做，等全班都了解原理后才会教类似"正负得负"、"负负得正"的口诀。

我曾听一个在美国大学部学过通识数学的台湾人取笑通识数学课程只有台湾的高中程度，教授还常常花大半节课的时间证明一个简单的理论，明明只需要代个公式就行了。其实从这一点更不难看出，美国的数学教育注重的是从小扎实地理解数字和运算原理，不像台湾大都要求学生抄捷径，用最短的时间找出正确答案即可。

概念清楚了之后，学生一定有动手做和应用的机会。最需要实践的科目莫过于自然科学，幸福的美国学生每上到新的单元，马上就有实验课，即使只是个简单的概念，学生都有亲自体验的机会。

实验课每星期至少 1 次，每组 2 ~ 4 人以确保每人都能参与到；所有器材及原材料则一律由学校提供，老师还不时秀一些酷炫的把戏来提升学习效果。

印象最深的是上"密度"那天，自然老师用瓦斯吹肥皂泡泡。由于瓦斯密度比空气低，泡泡自然向上漂浮，这时老师点火，泡泡立刻化成一团火球，瞬间消失无踪，学生看得大呼过瘾。

我上"国中"那几年，每学期都没有超过 3 堂实验课，实验课时每组 8 ~ 10 人，根本不可能让每个学生都参与整个过程，不清楚的地方只能靠参考书和课本来理解，大部分理论完全是纸上谈兵，抽象又无趣。

和日常生活息息相关的数学也有许多应用的机会。例如学了几率的概念后，学生必须根据老师给的规则以数字和字母组合，设计一款自己的车牌，并计算出车牌号码有多少种可能的选择；学会如何计算税率和折扣后，学生拿着购物清单和老师给的假想预算，拟出圣诞节购物计划，全班还比赛看谁的计划最经济。

文科方面如英文、社会科则是训练学生在了解教科书内容之外，有能力在网络上或在图书馆找到可靠有用的信息，整合组织以后，以自己的生活经验、观点和理解程度发表对特定主题的看法。这些能力不正是许多升学主义下长大的台湾大学生最欠缺的吗？

相信大部分人跟我一样，习惯了灌输教学法多年后才恍然大悟，原来"教学"两字的意义可以如此丰富。

美式教育
——评量篇

经过教导、实践和练习，终于到了验收成果的时候！美国人对评量学生的学习成效很有一套，学生也有了另一个发挥创造力和想象力的机会。

说到评量，台湾人第一个会想到的不外乎大考、小考、随堂考等，美国人不是不考学生，而是给学生许多考试以外的方式来展现成果。

做 project 是一个非常普遍的评量方式，美国学生从小学起便常常得做 project，几乎每一科都要求做，从数学、英文到美术、体育，无一例外。Project 的形式很多，不少是台湾人熟悉的，只是尝试的机会不多。生物老师可能要学生用任何自己可以想到的材料完成一个 DNA 模型，理化老师则可能要学生以牛顿定律造出一辆不用电力就能发动的车子，然后全班举行比赛，看谁的车子跑得最远。

不要怀疑，所有学生都必须完成这样的 project，不是只有资优班或参加科学展览的学生才有这种特权。这些 project 不仅让老师们评估教学成效，更常常让老师和同学眼睛一亮，对各式各样的构想和点子拍案叫绝。

你觉得写读书报告这样的project很死板吗？那你一定要看看这两个学生的创意。本校一个女生读完一本小说后为书里的小镇设计了一份报纸，报纸上的新闻是小说的情节整理而成，社论是该生对这本书的感想，而故事中曾出现的餐厅和商店等都在报纸上打广告。对了，报纸上的气象预测正是小镇的天气。另一个女生则是用营养谷片（cereal）的盒子做读书报告，盒子上标明的谷片制造原料是小说中的人物，营养成分成了她对此书的喜爱之处。我还看过一个男生画一张大海报比较汽车内部和动物细胞的构造，将自己的兴趣和生物课作了完美的结合。

Project的分数通常占学期成绩很大的比重，可能跟大考不相上下。老师们一定会在出这个作业时便明确地制定出规则、评分标准等等，绝对不会让学生无所适从或对成绩有困惑。念过研究生的人有没有觉得这听起来很熟悉？所以美国学生的期末成绩来自大小测验、作业、实验、project等等，绝对不像我的"国中"成绩单由考试决定。

台湾的做法有什么不对？考试不是评量学生努力程度最公平、客观的方法吗？相信经历过联考的大部分台湾人和我一样曾经深信不疑，然而在上了研究生和实际接触许多学生后才知道自己以前大错特错。

研究显示，每个人的大脑运作方式不尽相同，学习方式也就有所差异。有些人享受影像刺激，有些人动手做学得较快，更有人喜欢通过文字想象，因此单一的教学方式不见得适合所有学生。

同理可知，考试并不是唯一能测出学习水平的方法。有些孩子善于背诵，有的则分析能力较佳，解题较快，或两者兼具而成为考试高手。但是那些不会背书或解题较慢的学生就比较笨、智商比较低吗？当然不是，这些学生只是需要其他形式的评量来展现他们的才能和创意，例如通过实际操作、表演、应用等等。

很不幸的是，几十年来台湾的教育就一直是在训练考试机器，教改十年来这种情况并没改善多少。成千上万有潜力成为栋梁的孩子被下放到技职体系或较差的私立学校，花了许多钱缴学费却换来参差不齐的教育品质，还被认定为智力低人一等或学习态度不佳。命好的或许仍有机会翻身，大部分则注定悲哀一辈子。

想要上大学和念研究生的美国人有一天也是得面对升学考试，像 SAT 和 GRE、GMAT 之类，但这些标准化测验只是用来测出考生实力，并不以考倒学生为目的，更不是录取与否的唯一标准。考差了没什么，下回再来试试看，一年给你好几次机会。很多人反正不急着要把书一路念上去，趁着工作和准备考试的时间，刚好可以思索自己想要的到底是什么。

反观台湾的联考，像是在下赌注。考砸了，人生也毁了；考上了，最好一口气念到博士为家里扬眉吐气。说真的，台湾有几个大学生知道自己的兴趣所在，又有几个研究生真的喜欢做研究？

由美国人的教学方法和对考试的态度不难发现他们重视的不

只是结果，连整个过程都非常重视，就是为了让学生打好基础，在推敲、寻找答案的过程中训练逻辑思维，学习找出问题和解决问题的技巧，激发出创造力和想象力。

升学主义横行的亚洲却是反其道而行，通常只看结果不问过程。总之只要考试分数高就表示你很行，很少人讲求真才实学。于是乎，学校老师都绞尽脑汁发明快捷方式，让学生在最短的时间内写出最正确的答案，学生个个思想僵化，不会独立思考。

两种完全不同观念下的结果显而易见。虽然亚洲学生在国际数理测验和竞赛中总是名列前茅，将欧美国家远远抛在后面，但是这些学生长大以后有多少人有伟大的成就？他们也许考进顶尖名校，到知名公司任职，或是当上教授，进入学术圈，然而最后在国际上崭露头角的科学家和企业家，却很少是从这些国家来的。

1950 至 2006 年间，诺贝尔奖的医学、物理和化学类得主60% 是美国人，2006 年美国科学家更是百发百中，囊括5 个科学类奖项。

教改改了 10 年，台湾的中学生为了成绩仍在每天上辅导课，从早考到晚，压力一点都没减少。老师的教学方法也没什么改进，仍是考试引导教学，以帮助学生测验拿高分为第一要务。

于是大部分学生依旧无法理性批判和独立思考，只会人云亦云，填写标准答案。等糊里糊涂进了大学才发现选了不适合的科系，转系又转不成，浑浑噩噩读个四五年总算毕业，对未来又无所适从，白白浪费了教育资源。

虽然学生苦，家长累，老师怨，教改后最大的输家却被社会忽略了。台湾现在遍地大学，落榜比考上还要难，但是新设立的大学都是私立或由专科改制，经费少、品质差，念了等于没念，找工作时根本拼不过"国立"大学毕业生。可是不念又不行，连个大学学位都没有实在太难看，只好乖乖当冤大头。

最讽刺的是有钱人的孩子读得起明星补习班，玩得起各类甄试，进"国立"大学的机会自然比弱势学生或偏远地区的学生大得多，能以较低廉的学费享受高品质的大学教育，而弱势学生却必须背负贷款辛苦拿学位，毕业后竞争力还不如别人。这样不公平的现象是教改的目的吗？

美国常春藤盟校和其他几所顶尖大学的学位几乎是就业的保证，但这类学校大部分是私立，学费一年至少三四万美金，能把子女送去读书的父母通常付得起学费，资质好却没钱的也一定有奖学金可拿。

这种私立超级名校只占美国高等教育的一小部分，其他大部分是学费较低的州立大学。州立大学虽然也有排名之分，但受政府补助监督，水准还算整齐，让来自中产阶级和低收入家庭的学生同样有机会享受高品质的学习资源。

我认识的美国人大部分从州立大学毕业，靠着学校扎实的训练和出色的工作经验，在各自的领域中表现不俗，一点都不输给私立名校的毕业生。这才是我们的教改应追求的目标吧！

美式教育
——师生伦理篇

还有一个台湾可以改进的地方是所谓的"师生伦理"。长久以来，我们都被教导要尊师重教，虽然这是亚洲人引以为傲的美德，有时候却被滥用，反而不利于师生关系，影响了教学成果。

这话要怎么说呢？不可否认，21世纪的今天，还有不少老师觉得，学生对老师该毕恭毕敬、逆来顺受，乖乖地遵从指令，不管对错，老师的权威不容质疑和侵犯。当学生作业写得不好、考试成绩差时，就随口骂"笨"或"猪"，完全不顾学生的感受。相信在台湾求学成长的各位对这类老师不会陌生，从小到大总会碰到几个。

这种观念在美国万万不可。美国学生被教导要尊敬老师和同学；相应地，老师也要尊重学生，以身作则。学生表现好的时候，老师从来不吝于赞美学生；表现不如预期，老师更会鼓励学生，耐心地提供协助，让学生的疑惑有机会得到解答，从而迎头赶上。

反观台湾，有多少老师会每天肯定学生的尝试和努力，通常总是责备多过赞美吧。当有不懂的地方，又有多少学生敢举手提问或课后请教老师？

其实我求学时碰到过许多好老师，我也知道非常多的台湾老师在自己的工作岗位上兢兢业业，春风化雨，只希望少数仍食古不化的老师能想想自己的言行对学生幼小的心灵有什么样的影响。

我小时候虽然不是常拿第一名的模范生，也至少是个超级乖乖牌好孩子，从来不敢有不尊敬老师的念头，然而两件往事让我在多年后的今天仍无法释怀。

小学五年级时我担任副班长，有一天训导处叫五年级副班长到训导主任那儿报到，我一听到广播马上跑去。我记不清楚其他细节，只知道在很恭敬地问了训导主任去报到的原因后，被她狠狠地赏了一巴掌。一直到现在我都不晓得那时说错或做错了什么，这位主任丑陋的表情和我当时的惊恐却深深印在心里。

另一件事更绝。那时我也还在读小学，学校里姓叶的生活辅导组长每天早上会在门口监视，每个学生看到他都得举右手行礼。一直搞不懂一群小学生向他行礼会让他爽到哪里去。

某个早上右手提着便当的我到了校门口才惊慌地想到要敬礼，情急之下举起左手，竟被他逮个正着。这下可给了他机会，他要我举着右手面对所有进校门的学生。

我在那儿足足站了15分钟，手举得酸还不打紧，内心的委屈、害怕和羞辱让我几乎哭出来。那时候年纪小，只觉得师长叫我做什么我就做什么，不会去怀疑他们的手段和出发点，可是这段不愉快的经历一直跟着我。谁能告诉我举错手是什么样的滔天大错？这位"教育工作者"竟然需要如此羞辱一个小学生。天晓得这些童年创伤对我的成长和心理造成了多么可怕的影响。

很多老师害怕对学生太好会造成不良后果，师道荡然无存，因为看看猖狂的美国学生就知道，给学生太多自由只会角色错乱，后患无穷，弄到不可收拾。

可不是嘛，美国老师每天得笑脸迎人，跟学生亲切地打招呼，换来的是不理不睬，还被要求让路；进了教室，学生吃喝玩乐，打情骂俏，丝毫不把老师放在眼里，说他们一句，他们马上恶言相向，连破坏公物和偷拿他人物品都不觉愧疚，完全没有羞耻心。在这儿，学生是老大，所谓尊重，只有老师尊重学生的份。

不过大家想一想，在成长过程当中，若能有老师不时肯定、赞美自己的努力，帮助建立自信，而不只是一味苛求、打骂，是件多么美好的事！若能够碰到和蔼可亲的老师愿意聆听自己的问题和疑惑，而不是摆着老师的架子，为了没带文具等小事动辄处罚，自己的学习经历又会有什么不同？有时候要改变人的一生，一个好老师，甚至是一句话就足够了！

师生互动是门很大的学问，我们东方人尊师重教的重要性不言而喻，西方人的开放民主也有不少优点，若能互取优点，取长补短，那就太完美了。可惜在现实世界中很难行得通，因为再完美的体制规范，也往往因为不同的文化和价值观而打折扣。

因此我绝对不是在此赞扬美式作风比较好，他们的长处我们要学，缺点更值得我们警惕。美国学生的行为问题有其自身的原因，缺乏家教通常是主要原因，很多家长自己不检点、没教养，还把管教责任统统推给学校。在台湾，许多父母溺爱小孩，或者因双亲都忙于工作而忽略管教工作，对学校老师的管教方式却又意见多多，真让人担心台湾会不会步美国的后尘。

解决管教问题，建立师生伦理，学校、老师、家长、学生，大家都有责任，绝对不是一句废除体罚就能办到的。

美国
无奇不有

话说在一个人口有六成黑人、三成白人的中型城市里，公立学校84%的学生是黑人，近10%是西语裔，白人只有不到5%（城里的白人不是没小孩，就是把小孩送去私立学校）。

这些公立学校经常成为媒体瞩目的焦点，关于这些学校和学生的大小新闻源源不断，然而99%的新闻是负面的，有些甚至可以当成惊悚片来看。

不久前报纸上报道了一个年轻有为的黑人高中校长被停职接受调查的事情。这个拥有博士学位、专门研究英国文学和教育行政的前海军陆战队队员，曾在郊区一个名声良好的学区里担任高中副校长，为了接受更大的挑战，他自愿来到城市里，在这个臭名昭彰的学区内一所高中当校长。

城市里所有公立学校都把打架闹事当家常便饭，时常得出动辖区的警察平息暴动。这位新校长会被停职是因为有一次他拉开打架的学生，学生竟跳到他身上，两人扭成一团，学区认为校长的行为失当而展开调查。他是这所高中1997年以来的第八位校长，记者采访此事件时一位不愿具名的新老师恐惧地说，开学才3个多月，她已经被学生攻击了3次。

这所高中配有3名全职警察，8名保安人员，学生每天来上学时得通过金属探测器和X光检查，如此阵仗是城市里所有公立高中的标准配备。

又不是监狱，这样做有必要吗？2004年该城市另一所高中有学生在校内被枪杀，隔年又有学生在校门口被枪击……为了保住小命，任何措施都不嫌多吧！

学生的课业表现又如何呢？以学生人数排前五的3所高中为例，六至七成学生的阅读能力未达"基本"；数学方面，更有九成以上学生没有"基础能力"。于是能从高中毕业的只有43%，即便是拿到了毕业证书也不代表程度达到毕业要求，极少数有幸进大学的，只有9%能在5年内从大学毕业。

学生的嚣张行径和低劣成绩跟家庭环境有着密不可分的关系。城市里有74%的黑人小孩为非婚生，上这些公立学校的学生68%成长在单亲家庭，更不可思议的是家中父母亲没有全职工作的学生占了一半以上，六成以上的学生来自低收入家庭。

因此学区中大部分学校坐落在犯罪肆虐的贫民窟，过去几年发生过至少两起毒贩半夜在学校旁遭杀害，尸体在学童进校门前不久才被路人发现的案件。就在前几个礼拜，甚至有人光天化日下在某个小学校门口被枪杀，学生游戏区近在咫尺，小朋友们现场目击，无缘无故变成CSI（Crime Scene Investigation 的缩写，意为犯罪现场鉴定科，是美国警察局里设立的调查犯罪现场各种证据的部门。此处指近年来美国热播的连续剧《CSI 犯罪现场调查》。——编者注）临时演员。

一般心智正常的人不会想要来这种鬼地方教书，不但毫无成就感，还得时时担心人身安全。于是该学区每年都招不到足额的教师，只好用一些没有执照的老师，或留任一些好吃懒做、教学技能低下的教师，他们上课只会聊天看报纸，其中不少正是这个学区的产品。

一些有理想有抱负的年轻人为了拯救世界，来此春风化雨，希望能感化一些迷途小羊。最后留下来的没几个，大多夹着尾巴逃之夭夭。

我就碰到过一个在那儿教过一年的老师，她只不过是在小学任教，就常遇到会偷东西会打人的学生，每天上课的时间统统用来管秩序，完全无法进行教学。她有同事曾被学生气得身体不适，被救护车送去医院。

学区里还发生过多次人事部门因工作失误，导致教师薪资没按时发放或重要资料丢失的事件，暴露出学区办事人员的无能。

行政人员的丑闻不胜枚举。3 年前，某高中直到学生开学日到校时才发现课表都还没准备好，便告知学生回家等候通知，此事上新闻后副校长才被开除。开学后两个月，学生仍然没课本、没文具用的事件更是层出不穷，几乎是年年发生。最让人不解也最离谱的要算是 2003 年的教师工会丑闻：工会好几个干部被发现盗用公款超过两百万美元，他们竟然把钱拿去买貂皮大衣、车子、高级家电等等。

最近几个月媒体最感兴趣的是硬件设备被破坏的情况。在学生和家长抱怨后，记者进入几间校舍拍摄到许多骇人的画面：学校后门弹痕累累；玻璃窗脏到阳光透不进来；厕所没有门，半数马桶不能用；教室墙壁斑驳，天花板后的线路外露；没有饮水机能正常运作。

写到这里，正要结束这一篇，又看到了他们的新闻。搭乘快速列车的上班族抱怨许多搭快速列车上学的学生快把其他乘客逼疯了！这些学生旁若无人地在车站和列车上大声喧哗、骂脏话、打架、奔跑，还故意乱丢垃圾，把车厢搞得像垃圾场。

这样的学生素质和学校品质几乎像来自第三世界国家，但它确实存在于21世纪的美国。你知道这个学区在美国哪里吗？就是美国"首府"华盛顿！

（注：美国的大中型城市大多自成一个学区，像是纽约、芝加哥、华盛顿等。在郊区或乡下，则是通常以郡为单位，一郡一个学区或多个学区。）

疯狂英文教室

Lesson 7

PTA

台湾的中小学都有家长会，美国当然也有，英文怎么说？就是 PTA =
Parent-Teacher Association。跟台湾一样，PTA 的成员通常是比较有钱
有势或平时闲着没事干的家长，不过这些家长的确是功不可没，平时学
校办活动需要义工和人手时总能看到他们忙进忙出。

在美国，你只要跟有学童的家长说 PTA 这 3 个字母他们就知道你在讲什
么了。

Linda：Do you want to join the PTA to do some volunteer work?

你想加入家长会当义工吗？

Jessica：I can't. I have a really busy job.

不行啊，我工作超忙的。

如何为小孩选择美国公立学校

美国的大学前教育简称 K-12（Kindergarten through 12），意即幼稚园和小学一年级至高中十二年级。

至于每阶段各为几年，每个学区和学校的做法不尽相同，但大致上分为下列三种：

幼稚园 1 年 + 小学 6 年 + 中学 3 年 + 高中 3 年 = 13 年

幼稚园 1 年 + 小学 6 年 + 中学 2 年 + 高中 4 年 = 13 年

幼稚园 1 年 + 小学 5 年 + 中学 3 年 + 高中 4 年 = 13 年

小六以后的学生称为七年级生、八年级生、九年级生、十年级生，十一年级学生叫做 junior，十二年级学生则是 senior。

基本上，公立学校的 K-12 教育是不需缴学杂费和书籍费的，家长不用花一毛钱，低收入家庭的学童还能获得免费营养午餐。所以在美国，每个小孩都有学校可以读，无论是否为美国公民，只要是学龄儿童都能到家附近的公立学校注册，免费享有受教权。

然而美国公立学校水平参差不齐，好坏差异极大，有些家长实在不放心，便把孩子送到私立学校。私立学校的学费则因校而异，比念大学还贵的也比比皆是，一年学杂费三四万美元的都有，若要念寄宿学校，费用更是惊人。想送小孩上私立学校的家长就要多比较、多打听了。

如果你是在美国念书或是被公司派驻在美国的家长，只要把家中的学龄小孩带到附近的公立学校注册即可开始上课。如果你只是想把小孩送到美国念 K-12，而小孩并非美国公民也没有永久居留权，那就只能上一年学费 5000～10000 美元以上的私立学校了。因为公立的 K-12 学校只服务当地居民，你必须出示当地的居住证明才能让小孩上他们的公立学校。

讽刺的是，美国现在到处是非法移民，很多人从美墨边境偷渡进入美国后，就带着小孩到家附近的学校报到，开始享受免费教育和免费午餐，某些非法移民聚集的城镇可以见到学校里满是不会说英语的小孩。学校花大价钱教育和照顾这些孩童，用的都是合法居民缴的税，难怪愈来愈多美国人对非法移民反感了。

美国很多学区的重要财源之一便是房屋税，因此好学校的最重要指标就是学区内的房价，房屋价格愈高表示居民缴的税愈多，学校的财政也较充裕，师资设备都会不错。此外居民税缴得多表示收入高、教育水准高，较关注子女的学业表现。不过好学区也有烂学校，普通学区也会有明星学校，更不是每个人都有能力搬进高级住宅区，因此家长为子女选择学校时还是要货比三家。

先推荐一个网站 www. greatschools. net，它是许多美国父母选择、比较学校时的好帮手。在这个网站里，可以找到美国各地的小学、初中和高中的基本资料，如学生人数、学生组成、师生比、学力测验通过率、所在学区介绍等等，还有家长留言分享对学校的满意度。只需输入学校名称，资料轻松到手。

有几个项目家长一定要看：

1. 学力测验成绩（Test Scores）：可以看出该校学生在年度学力测验中的通过率，并可以跟州内其他学校的平均通过率做比较，好坏一看就知。各项测验通过率达到标准的学校会获得州政府认证（fully accredited），没通过认证的学校就完全不用考虑了。

2. 师生比（Student-Teacher Ratio）：师生比过高表示各班级学生人数较多，可能是学区经费不足所致，可能会影响教学品质。

3. 学生组成（Demographics/Student Ethnicity）：多元文化对学习帮助极大，学生能彼此学到课本上找不到的珍贵知识和价值观，有助于开拓孩子的眼野。但是任一族裔若占多数有时并不是件好事，例如西语裔和黑人学生占多数的学校通常测验分数低、行为问题多，甚至有帮派活动，对小孩的安全有一定影响，家长不可不注意。

4. 大学先修课程测验（AP Exams）：如果要选高中，学生选修 AP 课程（大学先修课）人数的多寡，和课程结束时通过 AP 测验的比例是一个高中优劣与否的重要指标，愈多学生通过表示学生平均素质愈高。

网络虽然方便，但还是强烈建议家长亲自到学校看看，再决定要不要搬到附近地区，或要不要送小孩到该校就读。毕竟很多东西不是电脑屏幕和统计数字能说清楚的，实地观察能提供更具体、更准确的资讯。

下列几件事是参观学校时应注意的：

1. 和校长、教职员见面，聊一聊他们的治校理念和教学方式。

2. 询问该校是否提供多样化的选修和技能课程以及运动项目，让你的孩子能五育并进，这也能看出一个学校的资源和经费是否充足。

3. 该校是否有组织健全并且参与度高的家长会。家长的参与度高表示较多家长关心子女的学习情况，愿意出钱出力协助学校运作，拓展社区邻里关系。

4. 如果是高中，询问学生毕业率、辍学率和升学率。

5. 如果是高中，询问 AP 课程是否有多样性的选择和通过比例。初中则看代数课（Algebra）的通过率，因为一般来说，八年级数学课上的是预备课程 Pre-Algebra，愈多八年级学生有能力上代数课，表示该初中学生素质愈高。

6. 观察学生在走廊上的行为，是井然有序还是互相推挤、大声嬉闹。

7. 观察校内设施是否用心维护，是否清洁干净、无重大破损。

最后，多问多听准没错，跟街坊邻居多多交流，一定能获得宝贵资讯。

替孩子选学校不简单，要让他们学得快乐，还要确保教学品质良好，发展孩子的潜能。祝所有家长都找到心目中理想的学校！

第五辑
路里崎岖
不见阳光

美国教育
之空前危机
——家庭篇

华盛顿学区公立学校状况如此凄惨，是因为居民收入低、税收少，以致经费不足吗？非也！华府居民当中有钱人其实不少，达官显要满街跑，但他们不是没小孩就是把小孩送去上私立学校。除此之外，就因为华府公立学校的学生多来自贫困家庭，得到的联邦补助反而更多，事实上政府花在当地学生身上的钱比美国其他地方都多。

那钱都跑到哪里去了呢？被"饭桶"糟蹋光了呀！随便举个例子，没心肝的学区主管成天乱找建筑商包工程，钱浪费了一大堆，账目不清不楚，施工品质却一塌糊涂，建好的新校舍撑不了几年就问题频出，加上管理不善和学生不爱惜，硬件设施加速破败。等媒体揭露出这些问题，学校又开始哭穷，抱怨没钱修缮，控诉社会漠视弱势学生权益。

学生素质不像话和行政管理失误层出不穷，并非华盛顿学区的专利，骇人的是美国从东岸到西岸所有中型和大型城市都存在同样的问题，甚至有过之而无不及。

　　美国前三大城市纽约、洛杉矶和芝加哥的公立学校学生里，黑人和西语裔学生都占大多数，洛杉矶和芝加哥有近九成，纽约也有七成。这些学校的共同点就是硬件破旧、教师不足、校园暴力猖獗、学生的学习成绩极低。

　　2006～2007学年还没结束，芝加哥公立学校已经有28名学生在校内外不同场合意外身亡，其中20人是被枪击身亡，另外几个是被打死或刺死。学业表现上，这三大学区的高中生毕业率在伯仲之间，只有38%～50%，全美毕业率最低的大城市是底特律——21.7%。

　　因此，当城市里的有钱人和专业人士有了小孩，他们大都花钱让小孩读私立学校，许多中产阶级干脆搬到郊区，因为其公立学校的品质通常比城市里的好上数十倍。

　　不过郊区的公立学校并非就是品质的保证，还是要看学生组成。黑人和西语裔学生越多的学校，越容易有管教问题，学生的学业表现也较差。

　　怎么会这样呢？根本的原因来自家庭。

　　西语裔学生的父母大都不谙英文，受教育水平低，因此必须兼好几份低薪的工作来维持生计，忙得无暇看管小孩。他们祖国的公立学校教育几乎没有品质可言，小孩来到美国时程度远远低于平均水平。当孩子课业严重落后、出现行为问题，甚至加入帮派时，这些父母就算想补救也往往无能为力。

　　学习上的挫折和家中的经济压力促使许多西语裔男生放下书

本跑去盖房子，早熟的西语裔女生则不少年纪轻轻便怀孕辍学。学年才过一半，我一个在教高一（相当于台湾的"国三"）的朋友就已经遇到4个西语裔女学生回家待产。

黑人学生所面临的挑战更为严酷。黑人孩子67%是非婚生，成长过程中，父母都在身边的比例只有35%，通常不是跟妈妈住就是由祖父母抚养，单亲家庭极为普遍。爸爸跑到哪儿去了？不少黑人男性把女朋友肚子搞大后，不想负责便失去踪影，生死不明，有的其实早已成枪下亡魂，更多的是在逃或坐牢。统计显示，25～29岁之间的黑人男性有11%正在狱中服刑。

《华盛顿邮报》做过一项全国性调查，黑人受访者当中有六成表示曾有朋友或家人被谋杀，七成表示身边有人曾坐过牢，原因不外是帮派暴力、偷窃抢劫和毒品买卖。该报预测现今出生的黑人男性中，将有三分之一会在牢房里度过一生中的某段时光。

家里没有好榜样，街坊邻居和学校同学也都一个样，这些孩子看不到未来，甚至不知有未来。他们唯一的选择便是踏上父母曾走过的路，重蹈覆辙，一代一代在贫民窟里面打滚，难有脱离的一天。

美国的公立高中平均毕业率有七成以上，黑人和西语裔只勉强过半，上大学的比例更低，因此他们的收入远远落后于亚裔和白人。要改善他们的生活水平，当然还是得从家庭教育和学校教育着手，可是这工作难上加难。

（注：统计资料来源：*USA Today*，*Chicago Tribune*，*Washington Post*。）

美国教育之空前危机 ——实况篇

虽然我不是在大城市里面那种乱七八糟的学校，而是在郊区一个以高品质教育闻名的学区教育英才，但是由于本校特殊的地理位置，学生的背景差异极大，因家境不同所造成的学习问题正是美国公立学校教育危机的最佳写照。

在学校的走廊上看着往来的学生，黑的白的黄的都有，除了东亚裔学生明显较少外，其他族群都占了一定的比例。进了教室却是另一个世界，像是两个不同的学校在同一栋建筑物中同时存在——资优班几乎都是白人和亚裔的天下，只有少数西语裔和黑人点缀其中；普通班的情况刚好反过来，一班25个学生里，白人学生不会超过5个，其他几乎全是黑人和西语裔。会沦落到普通班的白人学生通常是脑筋不好或懒得不行。

普通班的上课气氛差到让人除了摇头还是摇头。老师讲课时，大部分学生不是聊天发呆、睡觉化妆，便是吃东西、喝饮料，两手空空没带文具……这些场景像肥皂剧般天天上演，严重情况依老师的新旧和"凶残程度"而定。

　　遇有作业或课堂练习，大部分学生根本懒得动笔，要不瞎掰一通，任何超过 10 个字的题目他们都没耐心看完。唯一能让他们安静一会儿的空当是抄笔记这种不用大脑的活动，其他再有趣的教学都可能变成一场灾难。实验课几乎没人听老师说明或示范，实际操作时更没人愿意仔细读步骤，只会拿着实验器具打闹嬉戏，让老师提心吊胆，最后以闹剧收场，还没人愿意收拾善后。

　　很多学生不爱动脑筋已到了匪夷所思的地步。每天都有学生问："今天几号啦？""今天星期几呀？""这节课到几点几分下课？"要他们自己找答案他们还会发脾气。想去上厕所的学生必须在通行证上写好时间让老师签名才能出教室，每天都有学生连时间也写错，提醒过后仍没感觉，我曾好长时间以为他们不会看表。数学课的时候，问学生 2 的 3 次方是多少，90% 的学生会不假思索地回答："6"，一定得至少连问三四次以上才会得到正确答案。

　　脑残至此，多数学生甚至笔记都抄不好，因为若有抄漏或词拼错根本不可能察觉。这种吊儿郎当的学习态度让这群初二学生的水平差到不可思议，很多小学生该会的东西对他们来说都好像是天方夜谭。

　　给你各月份的雨量数据，画个柱状图不难吧？99% 的普通班学生练习过两百次仍然不会，再次耐心地解释了一遍后，他们一定会问，那纵轴上的数字要怎么标？如果告诉他们从 20，40，60 往上数，马上会出现 20，40，60，70，90，100，120……若是要他们从 10，20，30 往上数，不一会儿便有人写着……70，80，90，100，200，300……

我以前举过一个经典的例子是原价 100 元的衣服打了 8 折后是多少钱，这是另一个教了 256 遍还是会忘记怎么解的题型，至于一辆车子 4 小时跑 200 公里，同样速度跑 6 小时可以跑多远，我左思右想也找不出几个普通班的学生有能力算出答案。

如果连这类最基本、和日常生活最息息相关的概念都缺乏，这些孩子以后到底能做什么？谁会疯到雇佣他们？

我的担心似乎很多余，因为他们自己一点都不紧张，也不在意。14 岁的年纪，说真的还很小，大人的世界对他们来说太复杂，然而像这样活在自己的世界里，对现实和未来漠不关心，未免也太离谱了。

他们对物质上的享受要求极高，口腹之欲似乎永远无法得到满足，零食从早吃到晚，PSP、iPod 和手机样样不能少，夸张暴露的造型时时得更新，他们在外表上拼命装成熟，言行举止却幼稚得像小学生。不幸的是，他们的胃口正是辛苦挣钱的父母所培养大的。

即使在普通班，总是会有几个程度不错或学习态度积极的学生。可是在这样恶劣的环境里，很难不被其他同学影响，一起沉沦，就算能坚持，也常常被其他学生吵得无法专心。老师则心有余而力不足，想尽力帮助他们成功，却连好好讲课都是奢望。

有时我只好自我安慰，还好不是在贫民区的学校教书，至少还有几个学生愿意听课！偷笑中……

美国教育 之空前危机 ——流行文化篇

有些美国学生的学习态度之所以如此马虎，原因之前已讨论过多次，不外乎家长工作过忙，受教育水平低，移民家庭此种情况尤其严重。要不就是家长本身不三不四，子女有样学样。

即使家境不好，只要不是住在太糟糕的地区，弱势学生大多能免费享受高品质的教育，在优质的学习环境里享用充裕的设备及资源。可悲的是很多学生并不领情，他们无心念书也就罢了，还不屑这些帮助他们成功的努力和用心，再好的东西到他们手中都会被破坏浪费。他们不知珍惜，不会感恩。像我们学校买给学生免费使用的双语字典，才过一个学期就皮开肉绽，上面写满脏话；彩色笔被随处乱丢，常常笔盖和身体分家。

会到如此地步，除了成长环境恶劣，低级、恶心、不负责的流行文化得负很大的责任。

你觉得台湾的流行音乐和电视电影伤风败俗，戕害青少年的身心健康吗？看了美国青少年的流行文化你会对"小巫见大巫"

有番新的认识。

美国当今最 in、最受青少年欢迎的音乐类型之一便是嘻哈饶舌。这种音乐就像毒品般腐蚀了许多年轻人，要他们堕落沉沦，无法自拔。美国的电视屏幕上充斥着这类关于性与暴力的低俗音乐和画面，有几个主打黑人观众市场的有线频道更是全天候强力放送，早已成为黑人青少年最喜爱的电视频道。这些青少年大多没有那种会安排课后活动或夏令营的父母，只好每天盯着电视或者上街闹事。

被洗脑的结果是年轻人觉得大声喧哗、满口脏话、物质享受是世界上最酷的事情。成功的定义是什么？对他们来说，当上红歌星或 NBA 球星，赚大钱挥霍享乐就是成功，用功读书上大学太遥远也太不实际。

生长在贫民区的孩子受害尤其深，他们想要电视上那些亮晶晶的项链或几百元的篮球鞋，没钱买只好去偷去抢。他们周遭没有人上过大学，甚至少有人高中毕业。周围没人见识过贫民区以外的世界，大人也不会告诉他们好好念书就会成功。大家看完电视，做着变成亿万富翁的梦，梦醒了却无一技之长，只能上街贩毒，坐领救济，本分一点的也只能去麦当劳打工。

嘻哈文化的负面影响哪里都能看到。以我所在的学校为例，学生着奇装异服，随地亲热，信奉享乐第一，满口粗话，动辄以暴力解决问题的画面犹如有线电视新闻随时放送，全天无休。

嘻哈饶舌文化对那些少数族裔学生负面的学习态度也得负很

大的责任。一些饶舌歌手不但歌颂性和暴力，还用音乐散播对其他族群的仇恨，久而久之，许许多多不会明辨是非也没有大人引导的学生开始认为用功念书、讲正确的英语是白人才做的事情，一点也不酷，有时候用功听话的学生甚至会被同学欺负、排挤。

嘻哈饶舌音乐的本质其实并不是这样的，当这种类型的音乐刚开始流行时以批判社会现象著称，不少歌曲发人深省，寓教于乐。近些年来，标榜帮派暴力和性爱的音乐充斥各大排行榜，俨然成为主流，不少本身就有暴力、吸毒前科的歌手靠着这种垃圾成为亿万富翁，更成为青少年崇拜的超级偶像。

很多少数族裔知识分子和家长对这样的现象极为忧心，知名黑人领袖如脱口秀天后欧普拉、天才老爹比尔·寇斯比、知名导演史派克·李等人都不止一次呼吁饶舌歌手净化歌曲，不要为了赚钱，昧着良心荼毒本来就已经是弱势的少数族裔青少年。

结果呢？欧普拉直接被歌手 Ludacris 声讨："你好日子过太久了是吧？跟白人混在一起，连自己的根都忘了。"

疯狂英文教室

Lesson 8

sub=substitute

如果我感冒不舒服，得到外校办公事，或想多放一天假，就得找代课老师，代课老师的英文就是 substitute。但是这个词有点长，念起来拗口，于是大家就直接说 sub，坏学生最喜欢欺负 sub 了！

有些家庭主妇或已经退休的美国人当代课老师赚外快，上班时间有弹性，看到有学校需要代课老师去报到即可，可以选择只代课半天、一天，或是长期代课。也有还没找到全职工作的师范毕业生先当代课老师积累经验，边教边寻找全职工作。

If the sub tells me you are noisy, I will assign extra homework when I come back.

如果代课老师跟我说你们吵闹，我回来后就多布置家庭作业。

美国教育
之空前危机
——分数哲学篇

普通班里面大部分学生脑袋空空，不愿花心思做习题和作业，更不会傻到为考试而努力学习，交上来的作业及测验卷几乎都是神来之笔，可难为了给分数的老师们。

学生成绩"满江红"，总不能都不让他们过关，否则倒霉的还是老师，因为学生要是挂太多科而被留级，明年又会来报到。任何老师都不会想见到这种熟面孔，要是真的不幸碰上，也不能掩面逃跑，这比撞见旧情人挽着新欢还尴尬。

他们懒归懒，面子还是要顾的，被留级多丢脸啊！不想留级便得上暑修课，这更是万万不可！两个月拿来睡觉、看电视、打电动都嫌不够，怎么可以浪费在读书上面？于是大部分学生即使百般不情愿，也会在交作业前一刻七拼八凑、交差了事，作业的品质可想而知。

常见的画面是一群平常什么都不做的学生，随便拿了一个同学的作业便埋头猛抄。少数那几个作业被拿去抄的学生水平也不见得好到哪里去，他们只不过较愿意花点时间瞎掰而已，大部分答案其实也不正确。

大多数老师睁一只眼闭一只眼，学生只要把作业交了便多少给点分数，不敢对品质有任何埋怨或要求，到了学期末还得设法给学生加分补救的机会，把分数拉到 60 分以上。那些最后会不及格的学生，铁定是懒到极点，答案放到面前求他们照抄都不愿意抄的人。

再把镜头转到资优班，分数好拿的情况一样存在，只是原因不同。大多数资优班学生的父母是高级知识分子，他们关心教育，肯花钱、花心思栽培小孩，深信孩子的资质和成就只会比自己好，不可能更差。于是，当学生成绩退步，一两科跟不上，或没有每科都拿 A，某些父母便拒绝相信是因为自己的小孩没天分或不用功，他们怀疑老师不公平、不会教、作业没出好，反正千错万错都是老师的错，才害得他们小孩没上荣誉榜。

为了不让小宝贝受委屈，不让坏心眼老师给的低分影响孩子以后上明星大学的机会，毁了一生的幸福，这些父母打电话、发E-mail、到校堵老师，无所不用其极，有的干脆直接到校长那儿告状。为了减少不必要的纷争，不少老师宁愿分数打松点，也不愿招惹恶势力或被阴魂不散的"讨债鬼"纠缠。

老师随便给分的后果大家都看得到。一项统计显示，1990年时的美国高中生平均学业成绩为 B$^-$（2.68），到了 2005 年，上升到 B（2.98）。这表示美国高中生变得更用功，作业和考试成绩拿得比 15 年前更高吗？

再来看另一个数字。美国政府每年会在各州挑选一些学生当样本，实施全国性的学力测验，测量美国学生的学习成效。2005年的全国测验里，只有 35% 的高三学生阅读程度达到优良，是1992 年实施测验以来成绩最低的一年。数学优良的只有不到四分之一，自然科学更是低于 20%。所以美国老师成绩越打越松，分数越给越高，学生的水平反而急转直下。

水平真正严重低下的高中生还带来一个畸形的现象。在许多品质差的学区或学校，代数课的老师无法教代数，教几何的老师不知该从何教起，倒不是老师本身有问题，而是大部分学生连基础能力都缺乏，老师根本不可能真的按课程表授课，只能重复加强那些小学和初中就教过数百遍的东西。因此名不副实的状况经常发生，老师在课堂上教授的内容和课程名称相差十万八千里，学生拿了高分 pass，学到的却是些幼儿园的玩意儿，而且过了没几个星期又全都忘光了。

这种状况对美国高等教育的冲击可不小。

在美国，想进顶尖大学如私立常春藤盟校哈佛、耶鲁、布朗、普林斯顿等等，以及顶级州立大学如柏克莱、UCLA、密歇根、维吉尼亚之流，不比进台湾的"国立"大学简单。

他们要文武双全的精英，不要只会考试的书呆子，因此想要进名校的学生高中时期得尽量上难度高的课，维持完美的学业成绩，并在大学入学学力测验（SAT 或 ACT）中拿高分。除用功读书以外，学生一定要抽出时间参加校内外的活动和社区服务，展现过人的领导能力。最好还有特殊才艺和经验，如在校外比赛中获奖或到国外当过交换学生等。

过关斩将之后有幸进入超人气私立大学的学生得开始负担每年数百万台币的学费和生活费。能够培养孩子进这类学校的父母大都家财万贯，钱通常不是问题，不然就得申请半辈子才还得清的贷款。为了网罗更多真正的人才，私立名校会用奖学金招揽那些杰出却支付不起学费的学生。

州立大学也会提供高额奖学金和培训计划争取高材生和那些被明星私立学校录取却没拿到奖学金而又不想自费的优秀学生。

因此，为了念公、私立明星大学，绝对得大费周章，甚至准备大笔银子。这也是为什么这些学校的学生大都很本分，清楚自己的目标及定位，享受大学生活之余努力念书，毕业率有九成以上。

然而在遍地大学的美国，并不是每个校园都是这样。

美国有至少3000所大专院校，想念大学的人只要有高中文凭，没理由找不到学校念，于是一大堆阿猫阿狗都成了大学生。这下问题来了！前面我提到过当前高中生学业成绩膨胀的假象以及某些高中课程名不副实的情况，因此许多大学新生的水平让人啼笑皆非，让教授哑口无言。

ACT曾将受测学生的成绩进行分析，发现只有半数考生的阅读能力足以应付大学课业，其中黑人学生更是只有21%能达到标准，至于数学能力就更不用说了。

顶尖公、私立大学新生的素质通常较高，那些排名中等或中下的大学入学门槛较低，就容易招到一些不三不四的学生。面对这堆大一"天兵"，学校不得不开设英文和数学补救课程，复习那些从小到大已经学过数百遍的基本常识。

　　可是很多美国大学生根本搞不清状况，以为上大学是去交朋友和参加派对。他们想把握这个第一次离开家的机会，于是申请外地的学校。等一报到，就像没有明天似的夜夜笙歌。不管是因为过度玩乐、本末倒置，还是因为水平太差赶不上，不少学生混了一年或一学期后就不见踪影。平均来说，只有74％的大一新生会留下来继续念大二。

　　那些生存下来的不一定就能毕业，不像很多台湾大学易进易出，美国的大学即使排名中等或中下，只要不是"野鸡大学"，绝对不会乱发毕业证书。在严格把关下，大学毕业率其实不高。全国来说，能在6年内拿到学位的大学生比率在六成上下。这还是平均数字，好的公、私立大学毕业率可达九成以上，一般大学五六成的毕业率算正常，有些大学的6年毕业率还不到20％！

　　那些没毕业的学生绝大部分还是因为学业问题选择休学或被退学，少部分则是因为无法兼顾学校、工作和家里的小孩。因此虽然名校毕业前途一片光明，普通大学毕业者大都实力不差，若经验和能力强，一样能出人头地。

　　所以呀，别看美国的大学遍地都是，有大学学历的人口并不多呢！在大城市还比较容易遇到高学历的专业人士，到中小型城市或往乡下走就会发现，大学学历还真稀奇。

　　（统计数字来源：*CNN. com*，*New York Times*，*Washington Post*，*US News & World Report*。）

美国公立学校
教育何去何从

美国的高等教育世界一流，足以吸纳各方英雄好汉为其效命，维持美国的世界领导地位，然而美国学生的整体素质直线滑落，公立学校教育品质江河日下，却也是不争的事实。

当然并非所有学生的素质都惨不忍睹，否则美国的顶尖大学早就招不到本国学生了。美国公立学校教育最大的隐忧是不同族群、不同社会阶层的学生学习成效差异太大，学校品质参差不齐。好学校的毕业生上顶尖大学，前途无量，一帆风顺；烂学校可能一半以上学生辍学，学生连九九乘法表都不会，本分的以后做工打杂，其他的作奸犯科或坐领救济，成为社会的负担和隐忧。

那些能够一路念完大学、研究生的学生大多来自中产阶级或富裕家庭，以白人和亚裔居多。他们很多生来命好，父母通常比较有钱，而且有能力住在好学区，送小孩上品质佳、资源丰富的公立学校，或干脆直接送私立学校。

反观在社会底层的大多数是黑人和西语裔。他们由于经济能力差，不少住在贫民区，他们的小孩上的学校常常管理不善、缺乏合格师资、学生素质低下，能够到邻近地区上较好学校的也容易成为成绩垫底的问题学生。

其实我认识不少学业、事业极为成功的黑人，有麻省理工学院毕业的，有法学院毕业的，有人是工程师，有人是老师或律师，美国现任和前任国务卿也都是黑人，但是跟其他族裔比起来，黑人成功的比例仍低得离谱。

有大学以上学历的黑人占 17%（亚裔 50%，白人 30%），近两年美国的失业率维持在 4.5% 上下，黑人的失业率则在 8% ~9% 之间。

黑人小孩想要成功总得比他人付出多几倍的努力，不但要有清醒的父母支持、鼓励，更要能抵抗各种压力和诱惑，才有机会脱离贫困。然而大多数黑人小孩并没有如此幸运，几乎一生下来就注定坠入贫困、毒品、家庭暴力和性泛滥的恶性循环中。

西语裔学生的问题也值得关注。虽然许多西语裔是第一代或第二代新移民，但由于文化和宗教（他们大多为天主教徒，不实行避孕）等因素，他们的数量成长惊人，已经超过黑人成为第一大少数族裔，占总人口的 14%。

这样的趋势并不会停止。美国 2004 ~ 2005 年间的人口增长中一半是西语裔，5 岁以下年龄层的数量增加更有七成要归功于西语裔，他们长大后将是美国社会的中坚。然而西语裔学生的学业表现仅稍优于黑人学生，远远落后于亚裔和白人。

美国的西语裔人口大多来自墨西哥。一项对 40 个国家的学生能力的调查显示，墨西哥学生的数学能力排倒数第一，阅读排倒数第三。其他中美洲国家的教育水准只会比墨西哥更差，不会更好。

从这些国家移民到美国的人不到半数有高中学历，很多甚至没上完小学，再加上不谙英文，职业选择有限，通常从事体力劳动。他们有些从未了解教育的重要性，另一些就算了解也因语言不通、对制度不熟悉、没钱没时间而无法参与子女的学习过程。

为了拯救美国的未来，学生的整体素质一定要提升，白人和少数族裔间的贫富差距一定得想办法缩小，否则美国的领导地位将岌岌可危，于是美国也有了"教改"。

从 2002 年开始实施的教改 5 年来成效并不好，遭致诸多批评，学校不爽、老师不满，教改像是没人爱的坏小孩。最重要的是，学生和学校品质未见明显改善。

阿甘有幸（抑或不幸）亲身见证了此地教改的过程和阵痛，请读者睁大眼睛，拭目以待，看看台湾和美国谁的教改比较厉害。

疯狂英文教室

Lesson 9
fire drill, tornado drill, lockdown drill

我记得小时候每年总要经历几次防空演习和地震演习，美国学生也要经常演习，不过他们是为了什么演习呢？

1）fire drill 火灾演习：听到火灾警报全校师生疏散到室外。

2）tornado drill 龙卷风演习：所有人远离窗户，紧靠在走廊墙边。

3）lockdown drill 封锁演习：这是近几年校园枪击事件和恐怖事件频传后所出现的，演习时所有师生将自己锁在教室里，不准外人进入。

第六辑
同志仍需努力

天真
还是天才

美国版的教改有个很响亮的口号：No Child Left Behind（NCLB），台湾的报纸将之翻译为"有教无类"。我觉得翻译得很好，因为 NCLB 的宗旨便是不管你是谁，是什么肤色，父母有钱与否，都可接受高品质的教育，少数族裔和白人间的学习成就将不再有任何差距。

是什么样的改革能做到这一点呢？"有教无类"规定所有公立学校用标准化测验测量每个学生的阅读和数学能力，从三年级到八年级（初二）每年实施测验，高中时再测验一次作为学生能否毕业的依据。

每个学校都有一定的目标，一定比例的学生必须通过学力测验。然而同一个学校里白人学生、黑人学生、西语裔学生、ESL学生（移民学生）、贫困学生和特教学生又各自有不同的通过率要求，只要其中任何一个族群学生的通过率没有达到目标，整个学校便被判定品质不良，被贴上"失败"的标签。

不可思议吗？学力测验的通过目标还每年往上调，终极目标是在 2014 年的时候，所有学校、所有学生、所有族群，统统通过测验，通过率达到 100%。

学校要是达不到要求怎么办呢？教育部有"重刑"伺候！若连续两年被判定"失败"，学校应让学生选择转去学区里表现较好的学校；若是连续 3 年"失败"，学校得提供免费的课外学业辅导；连续 5 年"失败"的话，学校将被迫改组，遣散所有教职员工，由州政府接手管理。

你虽然不是美国人，也没在美国住过，但只要没有被判定为植物人、脑死亡或精神错乱，你一定会觉得，这个叫做"有教无类"的鬼玩意儿其实是外星人恶整地球人的小把戏。

5 年了，虽然不是一段很长的时间，效果多少能看到一些。然而美国的白人和少数族裔学生的学习成果并无显著改变，八年级白人学生和黑人学生的数学程度差距甚至小幅扩大。

原因很简单，"有教无类"施行前就问题丛生的烂学校在教改后问题仍然存在。大部分好老师不愿意去那些学校受学生和官僚的气，管理层也仍被一堆不想做事只想贪钱的烂人所充斥，谁来为教学品质把关呢？

再者，这些拿来测量学生程度的学力测验跟台湾的学力测验性质完全不同，它们跟学生未来念什么学校毫无关系，学生干吗要用功读书准备考试呢？再加上很多表现差的学生其实并不在乎自己的未来，甚至不打算把高中念完，他们的父母更不会去理会什么"有教无类"和学力测验之类的"科幻神话"，通过学力测验的重责大任几乎完全落在学校和老师身上，想要在 2014 年让每个学生都通过测验，真的只能靠奇迹了……提醒我等一下去拜妈祖。

这段时间，"有教无类"所导致的诸多问题和后遗症也渐渐浮现。

首先，那些一直达不到标准的学校要如何发落？虽然 NCLB 明文规定了处置方法，实行起来却困难重重。

原本规定连续两年被判定"失败"的学校必须让学生转学至学区内较优良的学校，然而在 2004～2005 年间，3900 万符合转学资格的学生只有 1% 转学成功。

怎么会这样？基本上大部分烂学校都在烂学区，也就是说学区里大部分学校都一塌糊涂，学生要转到哪里去呢？就算有几所不错的学校能接受转校生，不用多久，这些好学校的水准也会被拉下来。况且烂学区本来就穷，政府的大量资助还常被乱花掉或是被揩走，哪来的闲钱送学生去较远的学校上课？这也是为什么连续 3 年不合格的学校极少有财力向学生提供课外辅导。全国 1400 万有资格接受辅导的学生里只有 17% 有幸能获得额外的帮助。

至于 2000 余所连续 5 年都"失败"的学校该何去何从？我又要去请示妈祖了。

那些在"失败"边缘的学校又该怎样让自己咸鱼翻身呢？比较有效率的方法便是集中火力，确保那些水平不上不下的学生在测验中不要失常，以及格为目标，考不考高分并不重要。水平实在低到救不起来的学生，这时便容易被放弃，反正花再多力气他们都考不过，不如将精力拿去帮那些较可能及格的学生。

为了省去一大堆麻烦，各级教育单位当然是以"成功"为目标，希望越多学校合格越好，为了完成这个不可能的任务，大人们也开始玩起作弊的花招。虽然 NCLB 的精神是以标准化测验测量学生的学习成效，但却没有全国统一的标准，而是让各州设计自己的课程和考题，于是大家便各显神通。

如果你是老师，你要怎样让班上大部分学生 pass 呢？最快、最容易的方法就是出送分题，让学生猜错答案都不可能。

各州教育局所设计出的考题大异其趣。密西西比州宣称2005 年该州有89%的四年级学生阅读能力达到"良好"，通过率之高，全国第一，结果一接受全国学力测验马上露馅——只有18%及格，变成全美倒数第一名。即便不是每个州都这样干，还是没有任何一个州的四年级孩童阅读能力符合全国测验标准，10%～30%的差距很正常。

NCLB 也会看各学区西语裔和黑人学生的上课出席率和毕业率，太低不可以，因此学区谎报统计数字的事情时有耳闻，常把辍学当转学、逃课或病假。

还好大部分学生不常看新闻或读报纸杂志，不然那些人模人样的政府官员和学区主管作弊的丑态正好成了最佳的反面教材。

人见人厌的教改

在教室里教学的一线老师对"有教无类"更有不少疑虑。"有教无类"首重学生的英语阅读和数学能力，美国有不少在"失败"边缘挣扎的小学便增加阅读和数学的授课时数，只求能过关。

这招其实还满有效的，但是其他科目如自然和社会的授课时数势必被压缩，许多老师不以为然地问："难道历史地理和动物植物等常识就不重要吗？"也有些学校给自然课加入大量阅读，让学童以阅读的方式学习自然，动手实践的机会相对变少，学者和老师们又要问："这样能把自然学好吗？学生会有兴趣？"

许多不擅长考试的美国人（包括老师）认为"有教无类"最大的罪恶便是过于注重标准化测验。很多我们台湾学生闭着眼睛，甚至吃饭睡觉拉屎时都能发挥得淋漓尽致的考试技巧，对大多数美国人来说简直是特异功能。"有教无类"实施后，老师得开始教学生猜题技巧，训练学生一次连做超过四五十个选择题，习惯在座位上撑过1个半小时而不大吵大闹。

为了通过测验，再辛苦当然都值得。但这时候，学者、专家、老师们再次提出质疑，他们认为美式教育最可贵之处便是在课堂上启发学生的想象力和创造力，鼓励学生去表达自我，花太多时间测验学生只会扼杀这些优点。"有教无类"逼得学校和老师不得不以考试引导教学，不要说学生学习效果受限，连很多老师都觉得自己的创意无法发挥。

以上是教改实施后在媒体上所能听到的一般反应，学校里面课堂上的实际情况是怎样的呢？

以阿甘任教的学校为例，教改真的大大地影响了全体教职员的作息和教学安排。老师们时常将前两年学力测验的考题拿出来给学生们练习，对于那些分数偏低的学生，老师们都愿意放学后将其留下来给予特别指导，然而自动参加课后辅导的反倒是很多表现不差的学生。

为了让那些真正需要帮助的学生留校参加辅导，校方想尽办法，除了要老师以电话通知个别家长，还花钱买饼干糖果，甚至pizza来引诱学生（好像在诱捕老鼠）。

每到教职员月会、科会、小组会，讨论的话题也总脱离不了标准化测验，大家随时随地想尽办法，绞尽脑汁，看看还有什么让学生考高分的法门。行政人员还不时到各教室走动，观察上课情况。上述种种努力都是要确保老师教完该教的，用对教学方法，使大部分学生通过测验。

经过大半年的努力，好戏终于要上演。每年春季4月份起本州标准化测验陆陆续续展开。

测验就在各学校举行，所有教师都必须担任监考人员，没有选择的余地。虽然"有教无类"只着重英文和数学，但依规定大部分核心科目都要测验，包括英文阅读、英文写作、数学、社会和自然，总共 5 个测验科目。一天测验一科，一星期只安排一天测验，因此完成所有科目考试耗时一个多月。

考试当天，老师们到校的第一件事便是到学务处办公室领考卷、铅笔、尺和计算器。没错，所有考试需要用到的文具一律由学校提供，不用学生操心。学生的第一件事是前往分配到的教室就位准备测验。

朗读完程序和规则后，老师发下考卷，测验开始。每科的测验时间基本上没有限制，学生爱写多久就让他们写多久，校方会派人巡逻各教室，当全校大部分学生写完后便宣布测验结束，少数没写完的考生集中到礼堂继续完成试卷。此时全校恢复正常作息，第一节课开始。

别以为监考是小事一件。一般来说，每科考试时间平均为两个半到 3 个小时，但不是所有学生都需要这么长的时间，特别聪明的或许 1 小时就能完成所有题目，本来就对测验毫不在乎的学生更可能不到 20 分钟就缴械投降。问题来了，交了卷不能离开，还得安静地在座位上等其他同学，这对娇生惯养、我行我素的美国小孩来说无疑是一大酷刑。

少数学生会拿出自己的书静静地阅读，有的跟老师要白纸涂鸦或干脆睡觉，安抚其他的学生就完全靠老师的耐力和功力。很多监考老师事先准备杂志、故事书和迷宫、猜字游戏等给学生消磨时间，碰到不知好歹又无理取闹的学生，又不能强灌安眠药，才真的伤脑筋。

去年更有意思了。这两年学区开始试用在线测验，不知哪个天才把超过 40 个 ESL 学生分配在同一间计算机教室考数学，结果大部分学生把这事关学校和老师前途的重大测验当成儿戏。学生交头接耳地用西班牙文谈天说地、打情骂俏，丝毫没把监考老师放在眼里，副校长带着行政人员冲入教室宣布测验停止。学区得知此情况后震怒，要求本校在规定期限内用纸笔将这群 ESL 学生再测验一遍，不容许再有任何差错。反正不是自愿受测，考得好坏也不用负责，有些学生就耍赖到底，比咱们台湾参加联考和学力测验的考生差太多了！

5 科测验都结束后就能轻松迎接暑假了吗？想得美啊！对某些老师来说，离噩梦结束还远着呢！

法律规定所有在美国住满 1 年的 ESL 学生都必须参加测验，但这些学生也有权利免测，以 1 次为限。同时法律规定，学校必须以信件通知这些 ESL 学生的父母，让他们了解测验的意义和子女测验的科目。于是咱们 ESL 部门的劫难在测验前两个月便早早开始。

首先，ESL 老师得去档案室把每个 ESL 学生的档案翻出来，看他们在小学期间是否曾经免测，如果有，是哪一科？以此决定每位学生今年的受测科目有哪些。

寄给家长的信件分为英文版、西班牙文版、阿拉伯文版、波斯文版、越南文版等等。科里的老师们在放学后留下来共聚一堂，依照学生的母语，在不同版本的信件上写下学生姓名，圈选受测科目，然后把信折好，塞入信封，将有家长姓名、住址的贴纸贴在信封上……老师们分工合作，有条不紊地把这复杂又庞大的任务完成。每次坐在那里不停地重复同样的动作，都觉得自己活像生产线上的女工。

学力测验的答卷上面也都贴着条形码标签，记载着学生的姓名和其他背景资料，计算机阅卷时一扫描便知道谁是答卷的主人。可是难免有转校生，ESL 学生更常因为父母工作不稳定而转进转出，为数不少的新学生只好于测验当天，在没有贴个人资料标签的答卷上用铅笔填写个人资料。

个人数据的复杂程度虽不比身家调查，却也够啰唆，学生得填姓名、出生年月日、考试日期、学校名称、在美国居住时间、母语、学号、性别、ESL 等级等等。可别以为这没什么，大部分 ESL 学生没有听从指令的习惯，粗心大意对他们来说并不是什么值得大惊小怪的事情。

每次一考完试，便得把这群学生的答卷抽出来，由老师逐一比对资料，更正错误并补齐不足的部分，费时又费力。每当我觉得命苦，看见更痛苦的特教老师还留在学校昏天黑地地卖命，我就立刻闭嘴，不敢再孩子气地怨天尤人。

　　特殊教育老师必须针对每一个学生的学习障碍为他们量身订做考试情境。有的学生需要字体大的考题；有的学生不喜欢答卷，只愿意在试题本上作答；有的学生有阅读障碍，得由老师给他们念题目；另一些学生有情绪问题，无法坐在其他学生旁边应考，一定要有自己的空间……

　　为了满足每个学生的特殊要求，进而让他们考出好成绩，特教老师们不论在考前、考试当天还是考试结束后，都没有喘息的机会。其余老师即使不致这么惨，大伙也都没闲着，以确保测验过程中没有任何差错。很多学校还雇佣一个全职的试务主任，全权负责这一年比一年沉重、复杂的工作。

疯狂英文教室

Lesson 10

bully

家长送小孩去上学后最担心的往往就是小孩在学校被坏同学欺负，这是国内外家长都忧心的问题，也是很多小孩挥之不去的梦魇。
台湾媒体近来将学生间的肢体暴力、凌虐或言语欺侮称为"霸凌"，就是英文 bully。

bully 当动词：

My child has been bullied by a few classmates in his English class.
我小孩被他英文课的几个同学欺负。

bully 当名词，指欺侮人的人：

Tim is a big bully. He beats up anyone who refuses to give him money.
Tim 喜欢欺负人，谁不给他钱就会被他揍。

教改尚未成功，同志仍需努力（上）

很多人看到美国人也玩测验，并且弄成全民运动，直呼不可思议，骄傲地宣布美国公立学校教育将跟上亚洲的脚步，我倒觉得未必。咱们的考试文化博大精深，从数千年的科举制度一路流传演变至今，已成为大家生活中密不可分的一部分，哪是那些老美的一招半式可以比拟的？

台湾街道上三五步一家补习班，初高中生每天大小考不断，常常是整个周末都花在补习班里，上了大学以后还继续为研究所、转学、留学、公职等各种原因考考考，补补补。这样的情况永远也不可能在美国发生，除非有一天美国被亚洲移民接管。

事实上美国的教改不仅缺乏基层教育工作者的支持，连家长也不一定领情，因为 No Child Left Behind 的目的是把垫底的学生水平拉起来，办不到的学校就施予严惩，但是水平中等以上或是资优学生及其家长却感受不到任何教改的好处。美国的主流媒体就曾呼吁过政府在抢救学生水平的同时，也不要忘了正视资优教育的发展，尤其要让天才型的学生安身立命，毕竟这些学生的成就对美国未来在各领域内的领导地位有决定性的影响。

美式教改反映出的另一个问题，是美国社会对教育工作者一厢情愿且不切实际的要求。任何神智清楚的人都知道学校教育固然重要，家庭教育对学童的性格养成、生活态度、做事习惯和方法等影响更为深远。学生不但每天在家的时间比在学校长，每年还有两三个月放假在家。

然而美国人往往很自然地把学生行为乖张和水平低下等问题全怪罪在学校和老师身上，各种新闻评论和报纸社论总是爱批评公立学校教育品质有多烂，受工会保护的老师有多懒，政府应该在教育上多花多少钱等等，几乎听不到有人讨论社会风气的败坏以及家庭教育和道德教育的沦丧。

这也情有可原，美国有数以万计的家长没工作、不识字、前科累累，或根本不知去向……这样的家庭环境无可救药，哪有家庭教育可言？学生摆脱悲惨命运的最后希望当然在老师身上了。

相信大部分的老师都有此体会，深知自己的责任重大，否则不会选择教师这份吃力不讨好、薪水更不算高的工作。我遇到过的老师几乎都是尽心尽力、关心学生、努力教书的好老师，但是老师毕竟是凡人，没有神力将所有学生改头换面，少数学生和家长的过失却得由他们来承担，实在有欠公平。

美国没有烂老师吗？不少呢！但那种跟学生发生奸情或在学校看 A 片的极端情况毕竟是极少数，每天浑水摸鱼、混吃等死的也大有人在，不过这种老师都集中在烂学区和烂学校。这些学校请不到好老师，甚至招不足合格的老师，只能任由三流教师在那里滥竽充数。偶尔有满腹热忱的"新血液"来报到，不消多久就会被迂腐的行政人员和张牙舞爪的学生吓跑。

　　据统计，美国师范学院的毕业生只有不到六成会成为教师，而且这些新教师中近一半会在 5 年内离职，不过这是平均数，教师的流动率和学区好坏还是有很大关系的。很多人建议增加薪资和福利来吸引合格教师，改善某些地区师资严重短缺的问题，但大部分正常人仍然不愿意为了一点钱每天受气，还要成为教育失败和社会问题的代罪羔羊，所以偏远学区和高犯罪率学区的教师荒还要持续好久好久……

教改尚未成功，同志仍需努力（下）

老美的另一个教育误区便是"有钱能使鬼推磨"。一堆政客、学者一天到晚疾呼政府增加教育经费，用以改善教育品质和测验成绩。

平均来说，美国首府华盛顿每年花费在每个学生身上的费用超过 1 万美金，排全国前三名，学生的表现却是全美倒数，许多硬件设备破旧不堪。面临相同问题的城市和学区不在少数，当务之急是好好整顿贪污腐败及效率奇低的行政人员队伍，减少浪费和不必要的支出，否则安排再多预算也不会有任何效果。

另一方面，美国中小学生在国际评比中的表现总是令人失望，然而美国的教育支出跟其他国家比起来却高出许多，资源设备也比其他国家好，学生程度反而差人一大截，可见钱根本不是问题。

那美国的教改该怎么改才好？你问我我问谁？我要是有答案，就去当美国教育部长了，不会闲在这里说教育故事给你们听了。但是我知道有些现行措施一定要修正，否则只会在死胡同里打转。

首先，统一的评量标准必须打破，为什么呢？让我来举两个例子。很多移民学生在祖国所接受的教育品质极差，我一个从利比里亚来的学生，在 10 岁来美国之前没上过一天课，没受过任何教育，连小学一年级的程度都没有。如果他能在来美国后 3 年内将程度提升到小学五年级，对老师和学生来说不都是值得骄傲的成就吗？为什么"有教无类"就要判定这个学生失败，就因为 7 年级的他没有 7 年级的程度吗？很多学校及学区的整体成绩往往就因为这样的学生被拖累。

不好的学区里，类似的问题更加严重。很多美国学生即使从小每天都上学，水平仍然落后好几年级，如果教改能改善这样的情况，当然是功德一件，但教改应该衡量的是学生是否渐渐迎头赶上，而不是光看测验成绩通过与否，抹杀老师和学生的努力。

教改虽然规范了烂老师，但它所制造出来的许多作业和无意义的测验让好老师疲于奔命，剥夺了老师发挥创意的空间，对学生来说到底是福还是祸，尚难断定。但可以肯定的是，不管老师再忙再累，2014 年不可能会出现 100% 的通过率。

我服务的学区学风良好，学生平均素质较好，目前还没有迫切的危机，但再过个几年，等学力测验通过率的要求不断往上提，越来越逼近 100% 时，全美国的公立学校都会被判定"失败"。政府不如现在就先把所有老师和校长开除，看看何方神圣能完成这不可能完成的任务。

"有教无类"实施将满 5 年，美国国会和教育部也将检讨 5 年来的得失，提出改进方案。他们是否听见了基层教师的声音？我不得而知。但美国教育部长毕竟是从基层干起，从得州教育厅长一路爬上来的，算是教育理论政策的专家，社会也只能再寄望于她一次。

后记

我怎么会想
当老师

前　不久上八年级理化课时，一个美国学生突然煞有介事地问我："What inspired you to be a teacher?"我怎么会想当老师？真是个发人深省的好问题，我已经很久没思考过这种问题了。

千万别以为学生问这种问题是想获得启发或出于对于教职的向往，其实正好相反。大部分学生并不笨，他们很清楚教师工作吃力不讨好，教室里发生的一切他们都看在眼里，但是有些学生仍然选择兴风作浪，不给老师好日子过，嘴里还不停嚷嚷："我以后才不要当老师呢"。

因此当那个学生问我怎么会想当老师时，其实是带着嘲笑的口气。

五专时期学习英文的经验，让我有了当老师的念头，然而我必须承认当时的我对这一职业认识不清，充满不切实际的幻想。看着讲台上的老师口沫横飞，我总以为只要把课本内容解释清楚，帮助学生考高分便能够成为好老师。我自认爱说话、够幽默、有创意，教书绝对难不倒我，若有学生懒惰，凶他们两句一定有效。

万万没有想到后来会教到一群如此与众不同的学生，让我不但对教师这一职业完全改观，也对这个世界的认识产生了巨变。

美式教育给我的第一个冲击是灵活的教学方式、开放正面的沟通，以及多样化的课程内容，这些前面都分析比较过，我就不再赘述了。

更大的冲击当然是美国的多元种族文化和贫富差距所衍生出的各种问题和挑战。美国的教育理念、进步创新众所周知，然而暗藏在光芒底下的黑暗面可就得亲自体验一番，才能感受其震撼力了。

当初刚开始教中学时，每次被学生幼稚无礼的行为气到，我总忍不住嘀咕："这些野孩子一点家教都没有，家里大人只会吃饭、睡觉、看电视吗？"稍微了解一下这些学生的家庭状况就知道他们还真的没什么"家教"，他们家里很可能没人教过小孩在学校应该守规矩，小孩更可能早就习惯没大没小，看家里大人成天大呼小叫，然后到学校有样学样。

现在我终于不再把这些学生视为洪水猛兽、牛头马面，反而更注意自己的言行，希望他们至少在学校时能从老师和同学身上看到正面的榜样。

就因为有这群爱捣乱作怪的学生，我更珍惜另一群听话守本分的学生。他们只要笑着跟我问好、道别，上课时认真听讲，就能让我开心好一阵子，足以把一大堆恼人的问题暂时抛诸脑后。

其实很多问题学生最缺乏的就是自信，他们很难从成绩单上找到自信，也很难在别的地方找到。因此我所学到的更重要的一课就是寻找每个人的优点，往往有许多惊人的发现，比如很多学生不见得会念书，他们却可能是最有礼貌、最愿意帮助同学和老师、最有运动细胞、最有美术天分，或是最诚实的学生。

台湾人习惯以考试成绩判断一个人的价值，在台湾长大的人，哪个不是从小就被排名次？名次好人见人爱，排后面的就是懒惰没用的坏小孩，是家长老师敬而远之的瘟神。

每个人都有他的优点，都有他擅长的东西，却不是每一样都能用考试和名次测出来的。可悲的是，考前三志愿进名校仍是绝大多数家长和老师的唯一目标，很多人愿意花大价钱补习小孩的学业和才艺，却忘了那些金钱买不到的东西——其实一个人未来成功与否，往往取决于人格特质，学校成绩反倒是其次。

这不就是教育的真谛吗？我若是只用分数来衡量学生，我的工作就完全没有成就感了。看着学生在做人处事上一点一滴慢慢成熟、改变，往往更令人欣慰。

我好像从没这么严肃过呢！没想到学生的一句玩笑话让人胡思乱想到这般地步，挺恐怖的。

问我问题的那个学生3个星期后便失去了踪影，他被退学了。

前阵子无意间跟一个几年前教过的学生联络上，正是我很久以前提到过的安东尼，是我刚开始教初中时的学生之一。时间过得飞快，安东尼已经快念完高中了，目前是十二年级的学生，他兴奋地告诉我他准备好九月份上大学了。

上大学？我简直不敢相信自己的耳朵！回想起那群学生，我根本不敢奢望有几个人能顺利地从高中毕业，更别说有大学肯收他们了。不过安东尼的确是少数几个成绩优异的学生之一，能够上大学其实并不让人惊讶，而且这个消息是为人师者所能得到最棒、最珍贵的礼物。

　　安东尼有如此成绩功臣并不是我，而是他的父母。当时我只见过他们一面，他们对孩子课业和品行的关心着实让人印象深刻。虽然他们的英文不甚流利，但他们自己都是受过教育的知识分子，自然知道如何在求学路上助孩子一臂之力。

　　当有一天学生能够因为我的努力而改头换面，我就算成功了。在那天来临之前，我还有很多事要学、要做。

图书在版编目（CIP）数据

　　优秀教师的职场修炼手记/阿甘著. —上海:华东师范大学出
版社,2009.11

　　ISBN 978 – 7 – 5617 – 7360 – 4

　　Ⅰ.①优...　Ⅱ.①阿...　Ⅲ.①教育—研究—美国　Ⅳ.①G571.2

　　中国版本图书馆 CIP 数据核字(2009)第 212739 号

大夏书系·教育观察

优秀教师的职场修炼手记

著　　者	阿　甘
策划编辑	吴法源　金洪芹
文字编辑	王　莹
装帧设计	视界创意
责任印制	殷艳红

出版发行	华东师范大学出版社
社　　址	上海市中山北路 3663 号　邮编 200062
电话总机	021 – 62450163
行政传真	021 – 62572105
网　　址	www.ecnupress.com.cn

印刷者	北京东君印刷有限公司
开　　本	700×1000　16 开
印　　张	11.75
字　　数	100 千字
版　　次	2010 年 1 月第一版
印　　次	2013 年 7 月第五次
印　　数	14 589 – 17 588
书　　号	ISBN 978 – 7 – 5617 – 7360 – 4/G·4241
定　　价	25.00 元

出 版 人	朱杰人

（如发现本版图书有印订质量问题,请寄回本社市场部调换或电话021–62865537 联系）

更多图书请浏览：www.dxjy.com